LANCHES NATURAIS
e
REFEIÇÕES LEVES

para casa e para viagem

EDITORA GROUND
livros para uma nova consciência

Leonel Wallace

LANCHES NATURAIS
e
REFEIÇÕES LEVES

para casa e para viagem

Tradução, pesquisa e adaptação: Magno Dadonas

4" edição revista

EDITORA GROUND

Tradução, pesquisa e adaptação: Magno Dadonas
Copydesque e revisão: Antonieta Canelas
Capa: Niky Venâncio
Ilustração da capa: Mário Diniz

CIP-BRASIL.CATALOGAÇÃO-NA-FONTE
SINDICATO NACIONAL DOS EDITORES DE LIVROS, RJ

W179L
4.ed.

Wallace, Leonel
Lanches naturais e refeições leves : para casa e para viagem / Leonel Wallace ; tradução de Magno Dadonas. 4.ed. rev. - São Paulo : Ground, 2006
192p.

ISBN: 85-7187-196-5

1. Alimentos naturais. 2. Lanches 3. Refeições ligeiras. I. Título.

06-2486. CDD 641.563
CDU 641.561

13.07.06 18.07.06 015331

Vendas e Distribuição:
Editora Aquariana Ltda.
Av. Santa Catarina, 619 - Sala 14 - Vila Alexandria
04635-001 São Paulo - SP
Tel.: (11) 5031-1500
vendas@aquariana.com.br
www.ground.com.br

SUMÁRIO

PREFÁCIO

Neste livro você encontrará tabelas que expõem os teores nutritivos dos alimentos mais adequados para chegar a uma combinação balanceada.

Por outro lado, uma refeição no trabalho pode ser tão agradável quanto a que nos espera em casa. É possível levar os ingredientes isolados e prepará-los no próprio local de trabalho.

Nada mais simples do que pôr mãos à obra e dispor todo dia de interessantes refeições integrais que incluem lanches, almoços sólidos e líquidos, saladas, temperos, pães, massas, sobremesas, conservas e recheios.

Este livro apresenta quase duzentas combinações! Imagine quantas variações você pode conseguir!

SABORES QUE NUTREM

Um "almoço para viagem" só não é interessante quando se torna repetitivo. A observação se aplica também ao lanche e ao jantar. Quando se trata de lanche, as coisas complicam: pensa-se em duas fatias de pão com um pouco de manteiga, requeijão, queijo ou em indigestas fatias de salaminho e presunto. Quanto às fatias de pão, pouco há a fazer: ele é um item quase insubstituível, a menos que se prefira um lanche líquido, quentinho e salgado, fácil de ingerir e nem por isso menos nutritivo que tantos alimentos sólidos. Mas, quanto ao recheio, não há o risco de cansar o paladar pela repetição: ele pode ter muitos sabores e consistências diversas, podendo até mesmo conter algumas fatias de picles fáceis de preparar em casa.

Aí começa a variedade que precisa caracterizar todas as refeições, a par, naturalmente, de seu valor nutritivo. Abrir mão de carnes, peixes, açúcares refinados, farinhas brancas, polvilhos (e tudo o que se faz com eles) não é "morrer de fome", mas estimular o organismo a aproveitar tudo o que de melhor lhe fornecemos: leite*, queijo, iogurte, ovos e cereais, manteiga e óleos vegetais, hortaliças e adoçantes naturais.

* O leite das receitas que apresentamos pode ser de vaca ou de soja.

Quantas refeições?

DESJEJUM: em princípio ninguém precisaria fazê-lo no trabalho, mas algumas pessoas não sentem fome ao acordar. Preferem um copo de leite ou chá com uma simples fatia de pão. Daí a duas horas sentem o estômago fundo e falta de ânimo provocados pela falta de alimento sadio que lhes restaure a boa disposição. Essa é a importância do verdadeiro desjejum, que se faz em poucos minutos. Um sanduíche integral — como os que sugerimos adiante — acompanhado de um suco e de um chá, opera maravilhas.

ALMOÇO: é o que mais induz as pessoas a se aboletarem numa mesinha de restaurante. Mesmo quem não tem esse hábito acaba aderindo a ele por preguiça ou falta de imaginação. Aqueles que não podem contentam-se com muito pior: com os indefectíveis sortidos ou "pratos feitos" onde não faltam feijão, de idade duvidosa, arroz branco, requentado e envelhecido, uma saladinha cujos ingredientes adormeceram (e empo-breceram) dias sem conta no refrigerador... Veremos que nosso "almoço de viagem" também pode — e deve — variar todos os dias.

LANCHE OU MERENDA: é o que mais atrai as pessoas ao bar mais próximo no intervalo vespertino do trabalho. As opções que as esperam em estufas duvidosas, cuja temperatura fica tantas vezes abaixo da ideal, são coxinhas, quibes, pastéis e esfihas nem sempre recém-feitos. Ainda assim, há alternativas: um ovo cozido, um copo de leite com suco de frutas... isso quando o leite foi mantido em temperatura ideal (bem baixa no refrigerador e bem alta na leiteira), caso contrário, a proliferação dos bacilos nele existentes à temperatura ambiente obriga o consumidor a uma rápida visita ao banheiro, logo após o lanchinho insalubre. Solução: levar o próprio lanche, escolhendo-o entre as muitas receitas que sugerimos e que primam pela variedade, sabor e qualidades nutritivas.

JANTAR: esta é, em geral, a refeição que mais se costuma fazer em casa. Mas não é pequeno o número daqueles que, por razões profissionais, invertem a ordem das coisas. Em vez de uma refeição completa acabam optando por um lanche frugal e balanceado.

Exigências orgânicas

Na medida em que variamos o cardápio dos alimentos integrais, tornamos o trato digestivo mais receptivo a eles. O organismo gosta de surpresas estimulantes. Educamos o estômago e os intestinos a acolherem como preciosas as substâncias que lhes fornecemos. Tudo sai ganhando com isso: nosso paladar, que transforma a refeição num prazer e nosso corpo, que ficará mais ágil, mais leve e mais eficaz.

Pouco falaremos sobre os *maus alimentos*. Os que não forem mencionados devem ser considerados suspeitos ou indesejáveis. Vamos nos concentrar nos *bons alimentos*, aqueles que irão servir de base para compor a longa lista de alternativas para as refeições. Fica implícito que sua inclusão em qualquer receita deste livro é um endosso de suas qualidades, exceto nos casos em que houver alguma ressalva.

Antes disso, convém insistir: todo prato precisa *nutrir*, ter *bom sabor* e *boa aparência*. Deixemos de lado as duas últimas exigências, que dispensam comentários: nossas receitas, embora simples, agradam aos olhos e ao paladar. Vamos ficar com a primeira exigência: garantir a reestruturação do corpo (por meio de proteínas), fornecer-lhe combustível (amidos e óleos) para as atividades diárias e suprir vitaminas e sais minerais que, ou participam da reconstrução dos tecidos orgânicos, ou entram no processo de desdobramento e assimilação das substâncias ingeridas.

Falar sobre o valor nutritivo dos alimentos sem informar a quantidade necessária de cada organismo é dar uma informação incompleta. A programação do menu diário para viagem precisa levar em conta a idade, o sexo e a ocupação de quem vai consumi-lo. Eis algumas substâncias necessárias ao organismo segundo a média internacionalmente aceita:

Idosos: 2200 calorias, 60 a 70 g de protídeos, 600 a 1000 mg de cálcio, 1000 mg de fósforo, 10 mg de ferro, 750 mcg (microgramas) de vitamina A, 0,8 mg de vitamina B_1, 1,2 mg de vitamina B_2 e 70 mg de vitamina C.

Homens adultos: 3200 calorias, 65 a 90 g de protídeos, 500 a 800 mg de cálcio, 1000 mg de fósforo, 10 mg de ferro, 750 mcg de vitamina A, 1,3 mg de vitamina B_1, 1,8 mg de vitamina B_2 e 70 mg de vitamina C.

Mulheres adultas: 2300 calorias, 55 a 75 g de protídeos, 500 a 800 mg de cálcio, 1000 mg de fósforo, 18 mg de ferro, 750 mcg de vitamina A, 0,9 mg de vitamina B_1, 1,3 mg de vitamina B_2 e 70 mg de vitamina C.

Gestantes: 2600 calorias, 65 a 100 g de protídeos, 700 a 1350 mg de cálcio, 2000 mg de fósforo, 18 mg de ferro, 750 mcg de vitamina A, 1,2 mg de vitamina B_1, 1,2 mg de vitamina B_2 e 70 mg de vitamina C.

Lactantes: 3100 calorias, 75 a 115 g de protídeos, 1000 a 1920 mg de cálcio, 2000 mg de fósforo, 18 mg de ferro, 1200 mcg de vitamina A, 1,3 mg de vitamina B_1, 1,8 mg de vitamina B_2 e 70 mg de vitamina C.

Meninos entre 12 e 14 anos: 2700 calorias, 50 a 90 g de protídeos, 700 a 1100 mg de cálcio, 1000 mg de fósforo, 10 mg de ferro, 575 mcg de vitamina A, 1,2 mg de vitamina B_1, 1,7 mg de vitamina B_2 e 70 mg de vitamina C.

Rapazes entre 15 e 18 anos: 3000 calorias, 60 a 90 g de protídeos, 700 a 1100 mg de cálcio, 1000 mg de fósforo, 10 mg de ferro, 750 mcg de vitamina A, 1,4 mg de vitamina B_1, 2,0 mg de vitamina B_2 e 70 mg de vitamina C.

Meninas entre 12 e 14 anos: 2400 calorias, 50 a 90 g de protídeos, 700 a 1100 mg de cálcio, 1000 mg de fósforo, 18 mg de ferro, 757 mcg de vitamina A, 1,0 mg de vitamina B_1, 1,4 mg de vitamina B_2 e 70 mg de vitamina C.

Mocinhas de 14 a 18 anos: 2400 calorias, 55 a 90 g de protídeos, 600 a 1100 mg de cálcio, 1000 mg de fósforo, 18 mg de ferro, 750 mcg de vitamina A, 1,0 mg de vitamina B_1, 1,3 mg de vitamina B_2 e 70 mg de vitamina C.

Melhores alimentos

Em nosso almoço, jantar ou lanche integral entrarão ingredientes que primam pelo sabor agradável e cujo valor nutritivo é facilmente demonstrável. Não daremos destaque a todos para evitar uma lista muito longa. Escolhemos para análise os mais fáceis de encontrar no mercado. São sessenta ao todo.

Os nutrientes que citamos referem-se a 100 g de alimento cru. (O cozimento destrói parte de certas vitaminas como a C).

ALIMENTOS	CALORIAS	PROTEÍNAS	CÁLCIO (g)	FÓSFORO (mg)	FERRO (mg)	VITAMINA A (mg)	VITAMINA B_1 (mcg)	VITAMINA B_2 (mg)	VITAMINA C (mg)
Abacate	204,50	2,10	30	46	0,80	90	0,07	0,10	10
Abacaxi	28,90	0,30	16	11	0,30	21	0,08	0,13	27
Abóbora madura	34,60	0,60	19	22	0,50	95	0,04	0,04	15
Abobrinha	27,80	1,0	19	32	0,60	15	0,04	0,04	19
Açúcar cristal ou refinado*	396,40	0	5	1	0,10	0	0	0	0
Açúcar mascavo	368,00	0	332	79	15,80	≅ 0	0,02	0,11	2
Agrião	28,00	2,80	117	76	1,90	1.105	0,12	0,10	44
Alho	140,20	5,30	38	134	1,40	5	0,21	0,08	9
Alho poró	65,80	1,80	56	48	1,30	10	0,09	0,12	6
Amêndoas	639,70	18,60	254	475	4,40	0	0,25	0,67	≅ 0
Amendoim com pele	583,20	25,50	6	393	3	10	0,91	0,21	1
Arroz integral	352,70	7,20	14	231	2,60	0	0,22	0,05	0
Aveia em flocos	328,60	14,00	?	?	?	0	0,46	0,55	7
Avelã	691,20	10,80	254	319	3,60	65	0,46	0,55	7
Azeitona preta	181,50	1,60	61	17	1	81	0,01	0,01	0
Azeitona verde	138,70	1,50	61	17	1	75	0	?	3
Banana	108,20	1,20	9	27	0,60	50	0,04	0,04	11
Batata inglesa sem casca	79,70	1,80	6	0,40	0,80	0	0,09	0,03	16
Beringela	31,90	1	23	31	0,80	0	0,04	0,08	69
Beterraba (raiz)	45,70	1,70	14	38	0,80	≅ 0	0,01	0,18	0

* O açúcar refinado é usado nas conservas porque é o único que não transmite coloração desagradável.

ALIMENTOS	CALORIAS	PROTEÍNAS (g)	CÁLCIO (mg)	FÓSFORO (mg)	FERRO (mg)	VITAMINA A (mcg)	VITAMINA B_1 (mg)	VITAMINA B_2 (mg)	VITAMINA C (mg)
Brócolis	49	4,50	116	81	1,30	560	0,12	0	?
Castanha-de-cajú	561,80	15,20	24	580	1,80	0	0,85	0,23	0
Cebola	46,20	1,40	30	40	1	5	0,04	0,04	5
Cenoura	42,40	0,80	34	26	0,90	3.530	0,06	0,03	0
Coco maduro	313,60	3,50	13	83	1,80	0	0,04	0,25	2
Cogumelo fresco	31,10	2,70	6	116	0,80	0	0,10	0,18	0
Couve-flor	40,80	2,80	33	58	1	10	0,09	0,24	125
Creme de leite	249,00	2,50	0	0	0	0	0	0	0
Ervilha fresca, seca	118,00	7,60	24	124	2	125	0,38	0,17	46
Feijão comum	345,60	22,00	86	247	7,60	5	0,54	0,18	1
Grão-de-bico	373,00	18,20	134	324	7,30	15	0,46	0,16	1
Iogurte integral	62,20	3,00	111	87	0	42	0,03	0,16	1
Laranja fresca	47,00	0,80	34	20	0,70	40	0,09	0,06	50
Laranja (suco fresco)	41,50	0,40	11	15	0,70	40	0,05	0,02	53
Leite de vaca integral	65,50	3,30	152	86	0,30	35	0,04	0,20	1
Leite em pó desnatado	345,80	35,00	1.140	1.030	0,40	10	0,25	1,45	5
Lentilha	349,30	23,70	152	86	0,30	35	0,04	0,20	1
Limão (suco)	33,80	0,30	10	10	0,40	5	0,03	0,01	51
Maçã	64,70	0,30	6	10	0,40	10	0,03	0,05	6
Manteiga de leite fresca	760,00	1	19	18	0,20	840	≅ 0	0,01	0
Mel	312,80	0,20	20	16	0,80	≅ 0	0,01	0,07	4
Óleo vegetal	900,00	?	0	0	0	0	0	0	0

ALIMENTOS	CALORIAS	PROTEÍNAS	CÁLCIO (g)	FÓSFORO (mg)	FERRO (mg)	VITAMINA A (mg)	VITAMINA B_1 (mcg)	VITAMINA B_2 (mg)	VITAMINA C (mg)
Ovo fresco de galinha	144,20	11,30	54	204	2,50	125	0,14	0,37	0
Pão de trigo integral	281,10	9,40	49	209	3,60	0	0,19	0,13	0
Pepino	17,30	0,70	16	24	0,60	5	0,03	0,04	14
Pêra	62,20	0,30	6	10	0,50	5	0,02	0,03	5
Pêssego	58,20	0,80	12	26	1,10	5	0,03	0,06	28
Pimentão	35,40	1,20	8	27	0,60	145	0,06	0,06	114
Queijo branco fresco	300,00	18,00	162	?	0,50	240	0,05	0,47	0
Queijo parmesão	337,00	34,00	950	?	1,40	210	0,02	0,40	0
Queijo tipo Minas curado	387,00	25,00	700	≅ 0	1	310	0,01	0,45	0
Repolho	33,00	1,70	43	36	0,70	30	0,06	0,04	43
Requeijão	235,20	30,90	324	206	1,20	1.500	0,01	0,10	0
Salsa	52,20	3,20	195	52	3,10	1.820	0,12	0,24	146
Soja (brotos)	24,10	3,00	15	36	2	1	0,15	0,06	25
Soja (grão seco)	423,20	33,40	222	730	11,50	?	0,88	0,27	?
Tomate	24,30	0,80	7	24	0,60	180	0,06	0,05	23
Uva	75,50	0,60	12	15	0,90	≅ 0	0,05	0,04	3
Uva passa	313,70	2,50	50	75	3	0	0,12	0,13	12

PÃES, BOLOS ETC.

A maioria das receitas que apresentamos funcionam como perfeitos "lanches de viagem", dispensando acompanha-mentos. Conservam-se bem na geladeira e podem empreender uma viagem de muitas horas, sem o risco da deterioração.

Claro que você pode abrir mão de fazer o pão integral e adquiri-lo pronto, tudo depende do tempo que dispuser e das habilidades culinárias. Ninguém precisa ser especialista em massas para fazer um bom pão, nem ficar frustrado se, por um descuido, ou baixa temperatura ambiente, ele não ficar tão fofinho quanto aquele que se compra na padaria.

Os pães industrializados, por melhores que sejam, contêm adoçantes e é grande o número de pessoas que não se dá bem com o açúcar. Podem conter também conservantes. O pão caseiro que propomos não contém conservantes e só leva açúcar se quisermos. Além disso, podemos escolher a farinha e até enriquecê-la com gérmen de trigo, rico em gorduras, sais minerais e vitaminas.

PÃO INTEGRAL

1 kg de farinha de trigo integral
16 g de fermento biológico
½ colher de chá de sal marinho
½ colher de chá de açúcar mascavo
½ litro de água morna

Misture o sal com a farinha, dissolva à parte o fermento junto com o açúcar mascavo em 150 ml de água morna, cubra e espere até o caldo formar espuma. Junte o líquido à massa completando com o restante da água morna (350 ml) e sove bem. Coloque a massa numa tábua polvilhada de farinha e continue sovando até conseguir uma boa elasticidade. Cubra e deixe em local morno. Quando a massa duplicar de volume, sove-a de novo durante alguns minutos, divida-a em duas porções e polvilhe com farinha. Coloque os dois pães em uma forma rasa, cubra e espere crescer novamente. Enquanto isso, acenda o forno, que só deverá receber os pães quando atingir os 220°. Colocados os pães no forno, aguarde dez minutos e baixe o fogo. Retire daí a 35 minutos no máximo.

PÃO COM GÉRMEN DE TRIGO

1 kg de farinha de trigo integral
200 g de gérmen de trigo
20 g de fermento biológico
½ colher de chá de açúcar mascavo
600 ml de água morna

Depois de misturar o gérmen de trigo à farinha, siga as ins--truções da receita anterior. Asse durante 40 minutos em fogo pré-aquecido a 200°.

PÃO COM QUEIJO

500 g de farinha de trigo integral
300 g de queijo tipo Minas, curado e ralado
6 colheres de sopa de fermento em pó
Sal marinho a gosto (não esqueça que o queijo é bem salgado)
300 g de manteiga
2 ovos
50 g de sementes de alcaravia
300 ml de leite

Misture o fermento e o sal à farinha, peneirando-a. Bata os ovos e o queijo com a manteiga. Junte a alcaravia e a mistura da farinha com o fermento e o sal. Mexa bem. Acrescente o leite aos poucos, até conseguir uma massa consistente, nem dura nem mole. Unte uma forma rasa com manteiga e despeje a massa, distribuindo-a uniformemente. Pré-aqueça o forno a 180°. Asse durante 50 minutos. Na dúvida quanto ao tempo de cozimento, molhe uma ponta de faca em água morna e introduza-a na massa. Se a lâmina sair limpa, o pão está assado.

PÃO COM MANTEIGA

500 g de farinha de trigo integral
10 g de fermento biológico
50 g de manteiga
Sal marinho a gosto
300 ml de leite

Dilua o fermento no leite. À parte, misture a manteiga com a farinha. Junte lentamente a esta mistura o leite com o fermento. Complete com sal e sove bem. Divida a massa em duas porções transformando-a em dois pães redondos. Umedeça a superfície dos pães com leite e faça um corte em cruz, com uma faca bem afiada, em cada um deles. Passe mais leite. Pré-aqueça o forno a 220°. Coloque os pães no forno e aguarde dez minutos. Baixe o fogo para 200° e espere vinte minutos para retirar.

PÃO COM PASSAS

500 g de farinha de trigo integral
2 colheres de chá de fermento em pó
200 g de passas
Sal marinho a gosto
150 g de aveia em flocos
100 g de manteiga
100 g de açúcar mascavo
2 ovos
250 ml de iogurte

Misture o sal, o fermento em pó e a farinha. Acrescente a aveia e as passas. Bata em dois recipientes à parte:

a) os ovos;

b) o açúcar com a manteiga.

Misture os ovos batidos à manteiga adoçada. Despeje a mistura na farinha e sove bem, tornando-a maleável com a adição de iogurte. Unte uma forma grande e polvilhe-a com farinha. Inverta a forma (na pia, por exemplo) para soltar o excesso de farinha que não aderiu ao óleo. Enquanto isso, aqueça o forno a 180°. Divida a massa em duas porções e coloque-a na forma. Asse durante cerca de 45 minutos.

PÃEZINHOS COM LIMÃO

250 g de farinha de trigo integral
Casca ralada de um limão
Caldo de um limão e água em partes iguais
100 g de açúcar mascavo
200 g de manteiga

Misture a manteiga à farinha. Acrescente o açúcar e a casca ralada do limão. Misture e vá acrescentando o caldo do limão com água. Se faltar líquido para dar consistência macia, complete com água pura. Estenda a massa numa tábua polvilhada com farinha conseguindo uma espessura não superior a um centímetro. Corte em pedaços de dois centímetros de largura e dez centímetros de comprimento. Unte uma forma com óleo e distribua os pãezinhos. Leve ao forno pré-aquecido a 180°. Retire daí a 25 minutos.

PÃO COM COCO

500 g de farinha de trigo integral
200 g de coco ralado, sem açúcar
1 colher de sopa de fermento em pó
1 colher de chá de bicarbonato de sódio
300 ml de leite
Caldo de dois limões
2 colheres de chá de essência de amêndoas
16 colheres de sopa de óleo
8 colheres de sopa de mel
4 ovos
Sal marinho a gosto

Misture bem todos os ingredientes secos. Numa vasilha à parte bata os ovos e acrescente, sucessivamente, mexendo de cada vez: o mel, o óleo, a essência de amêndoas, o caldo do limão, o bicarbonato e o leite. Bata bem e complete com a mistura de farinha. A massa deve ficar consistente. Unte uma forma com óleo e distribua a massa, em duas porções idênticas, formando dois pães. Asse em forno pré-aquecido a 180°. Retire passados cerca de 30 minutos.

PÃO COM FARELO

300 g de farinha de trigo integral
200 g de farelo de cereais
4 colheres de chá de fermento em pó
150 g de açúcar mascavo
200 g de frutas secas, sortidas
500 ml de leite integral

Despeje o farelo, o açúcar e as frutas no leite. Misture e aguarde uma hora. Findo esse prazo, num recipiente à parte misture a farinha com o fermento. Junte a massa de farinha à massa de farelo. Complete com água se a massa não estiver maleável. Unte uma forma rasa com óleo e despeje a massa, espalhando bem. Leve ao forno pré-aquecido a 180°. Retire daí a uma hora ou mais. Tudo depende da espessura da massa. Na dúvida, faça o "teste da faca", introduzindo a lâmina úmida na massa.

TORRADINHAS COM GIRASSOL

220 g de farinha de trigo integral
200 g de sementes de girassol moídas
1 ½ colher de sopa de óleo
1 ½ colher de sopa de mel
1 ovo
Água para dar o ponto

Misture a farinha com as sementes de girassol moídas. À parte, bata o ovo e junte o mel e o óleo. Misture. Despeje este líquido na massa de farinha com as sementes. Torne a misturar e adicione água, se necessário, para conseguir o ponto: massa delicada, mas firme. Polvilhe as mãos com farinha. Divida a massa em três partes dando-lhes o formato de pãezinhos. Embrulhe cada peça em papel-alumínio e deixe algumas horas na geladeira. Retire e corte em gomos de 1,5 centímetros de comprimento. Unte uma forma com óleo e distribua-os uniformemente. Leve ao forno pré-aquecido a 180°. Quando estiverem corados, retire.

BOLO DE AVEIA

500 g de aveia em flocos
4 colheres de sopa de óleo vegetal
Sal marinho a gosto

Junte o óleo à aveia e misture bem. Adicione água e sal aos poucos, ainda misturando. A massa precisa ficar macia mas não mole. Polvilhe uma tábua com farinha e estenda nela a massa, bem fina (com mais ou menos um centímetro de espessura). Recorte a massa no formato que quiser para tornar os pedaços de bolo mais atraentes. Pré-aqueça o forno a 150° e asse durante 30 minutos. Os bolos estarão prontos quando ficarem dourados por fora.

BOLINHOS DE GERGELIM

500 g de farinha de trigo integral
2 colheres de sopa de óleo vegetal
50 g de sementes de gergelim torradas
Sal marinho a gosto
300 ml de água

Misture o sal, o gergelim e o óleo à farinha. Vá juntando a água e sovando até a massa ficar bem maleável. Faça bolinhos e role-os numa tábua polvilhada com farinha, afinando-os bem. Coloque-os numa forma levemente untada de óleo. Pré-aqueça o forno a 150 ou 180°. Quando os bolinos estiverem corados por baixo, vire-os para corar do outro lado (o tempo de espera agora é muito menor). Retire do forno.

BOLO COM GENGIBRE

500 g de farinha de trigo integral
4 colheres de chá de gengibre em pó
2 colheres de chá de bicarbonato de sódio
2 ovos
2 colheres de sopa de melaço
200 g de manteiga
200 g de açúcar mascavo
Leite para amolecer

Misture a farinha, o gengibre, o bicarbonato e o açúcar mascavo. À parte, aqueça a manteiga e o melaço numa frigideira. Espere derreter. Despeje esta mistura na farinha e mexa bem. Bata os ovos e junte-os à mistura. Complete com o leite até conseguir uma massa mole mas densa. Forre uma forma grande com papel à prova de gordura e despeje a massa. Enquanto ela espalha por conta-própria, aqueça o forno e espere que atinja os 180°. Asse durante 15 minutos. Baixe o fogo para a temperatura descer aos 170°. Aguarde 45 minutos e introduza uma faca molhada em água morna na massa, verificando se ela adere à lâmina. Se não aderir, está pronto. Desligue o fogo e espere uns dez minutos. Retire.

BOLO COM CASTANHAS

200 g de farinha de trigo integral
2 colheres de chá de fermento em pó
50 g de castanha-de-caju
Sal marinho a gosto
100 g de alfarroba em pó
200 g de manteiga
200 g de açúcar mascavo
2 ovos

Faça a manteiga ficar bem cremosa, batendo-a. Junte o açúcar e bata de novo até este diluir. A seguir junte a farinha com o fermento. Acrescente os ovos e bata. Complete com a alfarroba em pó, o sal e a castanha-de-caju. Torne a misturar. Unte uma assadeira e polvilhe com farinha. Inverta-a sobre a pia para soltar o excesso de farinha. Despeje a massa e distribua-a bem. Leve ao forno pré-aquecido a 180°. Retire daí a 25 minutos mais ou menos, quando perceber que a casca resiste à pressão dos dedos. Depois de esfriar, corte em quadrados, nas dimensões que preferir.

"PALITOS" COM GERGELIM

500 g de farinha de trigo integral
200 g de sementes de gergelim
200 g de manteiga
Sal marinho a gosto
300 ml de leite integral

Misture todos os ingredientes mas reserve a farinha para o fim: é com ela que se conseguirá a liga ideal de uma massa bem consistente. Polvilhe uma tábua com farinha e estenda a massa, reduzindo a camada a uma espessura inferior a um centímetro. Corte transversalmente, fazendo "palitos" com cinco centímetros ou um pouco mais. Distribua os "palitos" numa forma untada com óleo e leve ao forno pré-aquecido a 190°. Desligue o forno passados quinze minutos. Espere esfriar e retire. Conserve num potinho com tampa hermética.

BOLINHOS DE QUEIJO

250 g de farinha de trigo integral
4 colheres de chá de fermento em pó
25 g de manteiga
Sal marinho a gosto
50 g de queijo tipo Minas, curado e ralado
Leite para dar o ponto

Junte os ingredientes secos à farinha e coe tudo. Adicione o queijo e a manteiga. Misture. Vá adicionando o leite e amassando até conseguir a consistência desejada: homogênia, mas firme. Polvilhe uma tábua com farinha e coloque a massa. Sove. Estenda a massa conseguindo uma espessura não superior a dois centímetros. Cortando em pedacinhos de dois centímetros de largura, terá deliciosos cubinhos. Aqueça o forno a 220°. Unte uma assadeira com óleo e distribua os bolinhos. Asse durante quinze ou vinte minutos.

BOLINHOS COM AMENDOIM

200 g de farinha de trigo integral
100 g de amendoim cru, picado
4 colheres de chá de fermento em pó
80 g de manteiga
2 ovos
150 g de açúcar mascavo

Junte o fermento à farinha e misture. Acrescente a manteiga e o açúcar. Torne a misturar. Acrescente os ovos e o amendoim. A massa tem que ficar firme. Aos poucos, despeje-a numa assadeira untada com óleo. Faça montículos de massa. Uma colher para despejar ajuda muito. É preciso deixar um bom espaço entre os montículos, que se espalham. Leve ao forno pré-aquecido a 190°. Retire daí a quinze minutos. Desenforme os bolinhos depois que a forma esfriar um pouco.

BOLO COM AVELÃS

250 g de farinha de trigo integral
60 g de avelãs picadinhas
200 g de manteiga
60 g de açúcar mascavo

Bata a manteiga. Junte o açúcar e volte a bater até este se dissolver e você conseguir uma consistência cremosa, leve. Vá juntando pouco a pouco a farinha e as avelãs, até conseguir uma massa que, embora consistente e homogênea, seja quase quebradiça. Unte uma forma estreita e alta. Despeje a massa e nivele-a. Leve ao forno pré-aquecido a 150°. Retire quando o bolo estiver corado. Em caso de dúvida, faça o "teste da faca", introduzindo a lâmina, úmida, na massa. Logo após retirar do forno, corte em fatias grossas mas conserve-as na forma até esfriar.

BOLO COM LARANJA

200 g de farinha de trigo integral
3 colheres de sopa de suco de laranja
1 ovo
2 colheres de sopa de marmelada
3 colheres de chá de casca ralada de laranja
2 colheres de chá de fermento em pó
120 g de manteiga
80 g de açúcar mascavo
Água para dar o ponto

Junte o fermento à farinha e misture. Complete com os demais ingredientes. A mistura tem que ficar bem homogênea e consistente. Se não der liga suficiente, adicione um pouquinho de água. Unte uma assadeira com óleo e despeje a massa. Leve ao forno pré-aquecido a 180°. Estará pronto em menos de uma hora.

BOLINHOS DE TÂMARAS

200 g de aveia em flocos
80 g de tâmaras picadinhas
100 g de manteiga
60 g de açúcar mascavo

Misture o açúcar com a aveia e as tâmaras, obtendo uma distribuição uniforme dos ingredientes. Derreta a manteiga numa panelinha e junte à mistura de aveia. Mexa bem. Unte uma forma de assar bolinhos com óleo e encha cada concavidade com a massa. Comprima a superfície de cada bolinho. Leve ao forno pré-aquecido a 190°. Retire e, sem deixar esfriar, corte os bolinhos em fatias. Conserve na forma até esta voltar à temperatura normal.

BOLINHOS COM AVEIA

200 g de farinha de trigo integral
200 g de aveia em flocos
1 colher de chá de fermento em pó
Sal marinho a gosto
200 g de manteiga
200 g de açúcar mascavo
2 colheres de chá de essência de baunilha
2 colheres de sopa de leite
2 ovos

Junte o fermento em pó e o sal à farinha. Misture bem. À parte, bata a manteiga com o açúcar. Acrescente o ovo, a essência de baunilha e o leite. Despeje a farinha pouco a pouco, misturando. Complete com a aveia. A massa deve ficar mole, para retirar às colheradas. Unte uma assadeira rasa com óleo e despeje a massa com uma colher de sopa. Lembre-se de que a massa se espalha um pouco. Portanto, deixe um certo espaço entre cada bolinho. Leve ao forno pré-aquecido a 180°. Retire quando os bolinhos estiverem corados: daí a dez ou quinze minutos.

BOLO COM BANANA

700 g de farinha de trigo integral
250 g de bananas maduras
50 g de açúcar mascavo
25 g de manteiga
20 g de castanha-de-caju
75 ml de água morna

Derreta a manteiga, junte o açúcar e mexa. Adicione as bananas esmagadas e torne a mexer. Junte a farinha, misture e vá adicionando água para tornar a massa maleável, mas não mole. Acrescente a castanha-de-caju (picadinha) e misture bastante. Estenda em forma untada com óleo e leve ao forno pré-aquecido a 180°. Estará pronto em 45 minutos, mais ou menos.

BOLO COM AMÊNDOAS

760 g de farinha de trigo integral
40 g de amêndoas raladas
4 colheres de chá de fermento em pó
100 g de manteiga
100 g de açúcar mascavo
4 colheres de sopa de mel
1 colher de sopa de água
1 ovo
Sal marinho a gosto

Misture a manteiga, o açúcar, o mel e a água, numa frigideira. Leve a fogo brando e derreta. Espere esfriar bastante antes de juntar o ovo (assim evita que a clara endureça). À parte, misture o sal e o fermento com a farinha. Despeje-os nos ingredientes líquidos, misturando bem. Adicione água, se notar que a massa não ficou delicada. Unte com óleo uma assadeira de vinte centímetros de comprimento por quinze de largura. Forre-a com papel-alumínio e despeje a massa. Nivele-a e polvilhe com amêndoas raladas. Leve ao forno pré-aquecido a 180°. Desligue daí a trinta minutos. Na dúvida toque a massa com os dedos: se estiver assada, resistirá à pressão. Cinco minutos depois, transfira o bolo para a grelha, onde a massa ganhará cozimento mais uniforme. Quando o forno esfriar, retire e corte em quadradinhos.

CONSERVAS SALGADAS

Certos tipos de conservas exigem temperaturas abaixo de zero. Para as receitas que apresentamos o congelador da geladeira convencional é suficiente. Na maioria dos casos, nem disso precisam. Há casos inclusive em que os potinhos podem ser conservados apenas em ambiente fresco e sombrio. Fácil, fácil!

Mas há cuidados a tomar. Os potinhos de que falamos devem ter tampa hermética e resistir à fervura, pois precisam sempre ser esterilizados em água fervente e recheados imediatamente com a conserva (em geral escaldada, salvo indicações em contrário), tampados e deixados um pouco em banho-maria.

Esta é a sequência das conservas simples: escaldar os ingredientes, escaldar os recipientes, enchê-los, tampar logo, deixar em banho-maria, retirar, esperar que esfriem e, na maioria dos casos, guardar na geladeira.

É nessas receitas — e apenas nessas — que usamos açúcar branco, cristal e refinado*: é o único que não transmite coloração desagradável às conservas. Mas só serve de ingrediente para o líquido, que nunca tomamos. Outro detalhe: falamos em "sal grosso" referindo-nos ao sal-de-rocha ou sal-gema. Aconselhamo-lo porque, não sendo iodado (não contendo iodo,

* A *quantidade* usada é no entanto fundamental. Ressalvamos ainda que, se a alimentação for isenta deste açúcar, a pequena quantidade absorvida pelo organismo através deste processo não comprometerá o equilíbrio integral do mesmo.

ao contrário do sal marinho), não interfere na cor da conserva. Mas, como o caldo serve para curtir e não para ser ingerido, nada há de condenável nessa prática.

Advertência: hortaliças ácidas como tomate, ruibarbo e chucrute, conservam-se por mais tempo. As outras não, mesmo na geladeira — a menos que se aumente a dosagem de vinagre de maçã (mas aí a conserva adquire uma acidez intolerável).

Comprove como tudo é fácil e veja como alimentos em conserva servem de autênticas saladas e de excelentes recheios para sanduíches, além de poupar tempo: com poucas horas de trabalho, você consegue preparar ingredientes para uma ou duas semanas...

SALMOURA BÁSICA

1 copo de água
1 copo de vinagre de maçã
1 colher de sopa de sal grosso
½ colher de sopa de açúcar
1 folha de videira grande
1 colher de sopa de sementes de endro
2 dentes de alho
1 pimenta-de-caiena inteira, seca

Coloque numa panela a água, o sal, o açúcar, o vinagre e a folha de videira. Deixe ferver. Esterilize um potinho de vidro de meio litro e a respectiva tampa em água fervente. Encha o potinho com o líquido, o endro, o alho e a pimenta. Tampe, espere esfriar e conserve na geladeira, se não for usar na hora, durante duas semanas no máximo. Quando o retirar da geladeira, torne a esterilizar, agora em banho-maria. Mas verifique se há um espaço de pelo menos um centímetro, entre a superfície da salmoura e a tampa, pois esta é hermética e não deixa escapar vapores, criando uma situação explosiva: não havendo esse espaço, a expansão do líquido e de seus vapores pode estourar o vidro se este não for de excelente qualidade.

Essa salmoura com vinagre se destina a conservar um quilo de pepininhos, conforme mostra a receita seguinte. Serve ainda para completar o liquido de outras receitas que vêm depois. É que nem sempre podemos garantir que os volumes dos ingredientes bastarão para preencher potinhos de um, dois ou três litros. Isso depende em muito do tamanho e até mesmo da consistência dos vegetais.

PEPININHOS COM PIMENTA

7,5 kg de pepinos bem pequenos (de 5 a 6 centímetros de comprimento)
1 colher de sopa de sal grosso
½ colher de sopa de açúcar
1 copo de vinagre de maçã
1 copo de água
1 folha de videira
1 colher de sopa de sementes de endro
2 dentes de alho
1 pimenta-de-caiena seca, inteira

No preparo da salmoura, siga as instruções da receita anterior. Enquanto o líquido ferve, esterilize um potinho de dois litros e sua respectiva tampa. Friccione bem os pepininhos com uma bucha ou esponja. Despeje-os numa panela de água fervente, aguarde alguns segundos e retire. Coloque-os no potinho que acabou de esterilizar e que precisa estar bem quente. Complete com a salmoura, deixando espaço de um centímetro entre a superfície do líquido e a tampa, que deve ser hermética. Espere esfriar e leve à geladeira. Comece a consumir após uma semana. Mantenha o potinho sempre cheio de líquido, recorrendo à Salmoura Básica. É que, quanto mais ar no recipiente, maior o risco de contaminação.

PEPININHOS COM MOSTARDA

75 pepinos de cinco a seis centímetros de comprimento
½ litro de vinagre branco
1 colher de sopa de mostarda em pó
1 colher de sopa de açúcar
1 colher de sopa de sal grosso

Misture a mostarda, o açúcar e o sal ao vinagre, num pote esterilizado. Coloque os pepininhos depois de limpá-los bem. Tampe e deixe uma semana na geladeira. Findo esse prazo, esterilize outro potinho, de igual dimensão, e transfira para ele a conserva gelada. Deixe o espaço de um centímetro entre a superfície do líquido e a tampa. Feche. Coloque o potinho em água morna (a fervente pode estourar o vidro) e comece a contar o tempo quando a água iniciar a fervura. Conte quinze minutos e retire, espere esfriar e leve à geladeira. Consuma depois de uma semana. Mantenha sempre sob refrigeração.

ABOBRINHAS COM CEBOLA

1 kg de abobrinhas de 8 a 10 cm de comprimento
1 copo de açúcar
1 copo de vinagre de maçã
1 colher de chá de sal grosso
1 colher de chá de sementes de aipo
1 folha de videira
1 cebola grande, fatiada
1 colher de chá de açafrão-da-terra em pó

Junte o sal, o açúcar, as sementes de aipo e a folha de videira ao vinagre. Deixe aquecer em fogo brando. Limpe bem as abobrinhas e corte em fatias longitudinais. Despeje as fatias de abobrinhas e de cebola no líquido, aumente o fogo e espere ferver. Esterilize um potinho de dois litros. Retire a folha de videira do líquido, acrescente o açafrão-da-terra e mexa. Acondicione a conserva no potinho, deixando o espaço de um centímetro entre a superfície do líquido e a tampa. Feche. Esterilize em banho-maria durante quinze minutos. Retire do fogo, espere esfriar e guarde na geladeira. Aguarde uma semana para iniciar o consumo.

TEMPERO COM ABOBRINHA

5 abobrinhas picadas bem fino
1 copo de vinagre de maçã
2 copos de cebola picadinha
1 pimenta-doce madura, picada fino
2 ½ colheres de sopa de sal grosso
½ pimenta-de-caiena madura, moída
½ colher de chá de noz-moscada
1 colher de chá de sementes de aipo
½ colher de chá de maisena
½ colher de chá de açafrão-da-terra, em pó
½ colher de chá de mostarda, em pó

Polvilhe as hortaliças com o sal e mexa bem, à noite. Na manhã seguinte, escorra o caldo e lave os vegetais sob a torneira. Retire e deixe escorrer. Coloque as hortaliças num caldeirão grande, junto com os demais ingredientes. Ferva até o caldo tornar-se espesso (o que leva cerca de meia hora). Enquanto isso, esterilize um pote cuja capacidade dependerá do tamanho das abobrinhas utilizadas. Encha-o com o tempero deixando o espaço de um centímetro entre sua superfície e a tampa. Feche, esterilize em banho-maria durante dez minutos, retire do fogo, espere esfriar e conserve na geladeira.

SALADA DE REPOLHO

1 repolho pequeno
½ colher de chá de sementes de aipo
3 colheres de sopa de água
2 colheres de chá de açúcar mascavo
½ copo de vinagre de maçã
1 colher de sopa de sal grosso
1 cenoura
1 pimenta-doce

Pique a cenoura, a pimenta e o repolho. Espalhe o sal e misture. Tampe o recipiente e aguarde uma hora. Junte o açúcar, as sementes de aipo e o vinagre à água. Ferva durante um minuto. Enxague os vegetais na água corrente, retire e deixe escorrer o excesso de água, comprimindo com as mãos. Transfira para o recipiente definitivo, que será levado ao congelador. Despeje o líquido fervente e misture. Deixe espaço, de um centímetro entre a superfície do líquido e a tampa. Feche com tampa hermética, espere esfriar e conserve congelado. Coloque na geladeira oito horas antes de usar. Esse é o tempo necessário para o descongelamento.

BETERRABA SIMPLES

1,100 kg de beterraba (só raiz)
1 ½ colher de chá de sal grosso
6 colheres de sopa de água
1 copo de vinagre de maçã
4 colheres de sopa de açúcar

Depois de aparar as folhas da beterraba (com as quais pode fazer uma excelente salada cozida), limpe bem as beterrabas mas não descasque. Aqueça o forno a 180 ou 200°. Coloque as beterrabas na grelha, para assar (leva uma hora, mais ou menos). Esterilize um pote com a respectiva tampa. Despeje numa panelinha a água, o açúcar, o sal e o vinagre. Só junte as beterrabas quando estiverem macias. Retire-as do forno e, usando luvas, descasque-as. Corte ou não as beterrabas (dependendo do seu tamanho e do diâmetro da boca do pote). Acondicione-as no pote e despeje o líquido fervente. Deixe um centímetro de espaço entre a superfície do líquido e a tampa. Feche e esterilize em banho-maria durante quinze minutos. Retire, espere esfriar e conserve na geladeira.

REPOLHO PICANTE

1 kg de repolho picado bem fino
½ litro de vinagre de maçã
½ colher de chá de açafrão-da-terra em pó
2 copos de açúcar
6 colheres de sopa de sementes de mostarda
½ kg de tomates meio verdes, moídos
2 pimentas-doces, picadinhas
½ kg de cebola fatiada
2 colheres de chá de sementes de aipo
2 colheres de chá de sal grosso
½ colher de chá de pimenta ardida

Junte o repolho, o tomate, as pimentas-doces e a cebola aos demais ingredientes, sem incluir o açafrão-da-terra. Coloque numa panela e deixe ferver. Nesse prazo — pode demorar uma hora para o repolho ficar no ponto — esterilize um pote (sua tampa inclusive) com capacidade para dois litros e meio. Retire as hortaliças do fogo e adicione o açafrão-da-terra. Despeje no pote esterilizado, deixando o espaço de um centímetro entre a superfície do líquido e a tampa. Feche e torne a esterilizar em banho-maria durante dez minutos. Retire do fogo, espere esfriar e conserve na geladeira.

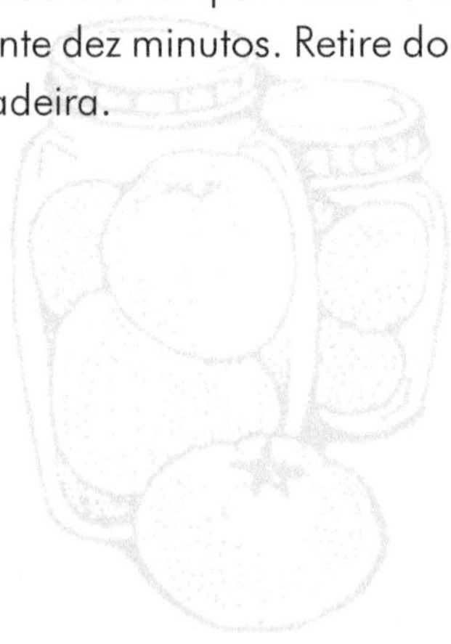

TEMPERO COM MAÇÃ

6 maçãs grandes
1 litro de massa de tomate passado por uma peneira fina
½ colher de chá de mostarda em pó
½ colher de chá de canela em pó
½ colher de chá de pimenta ardida
½ colher de chá de cravo-da-índia moído
2 colheres de sopa de sal grosso
1 ½ copo de açúcar
½ litro de vinagre de maçã
2 copos de cebola picada bem fino

Depois de obter a massa de tomate passando sua polpa numa peneira bem fina, pique as maçãs, extraia os caroços e corte em pedacinhos minúsculos. Junte à massa, a cebola e as maçãs picadinhas ao vinagre, açúcar, sal, cravo, canela, pimenta ardida e mostarda em pó. Despeje numa panela e ferva em fogo brando durante duas horas. Pouco antes de findo esse prazo, esterilize um pote (e respectiva tampa) de três litros. Despeje o tempero no pote ainda quente ou, se preferir, divida-o em três potinhos de um litro, mais práticos e mais fáceis de conservar na geladeira. Esterilize em banho-maria. Retire do fogo, espere esfriar e mantenha sob refrigeração.

PEPINO COM CEBOLA

1 kg de pepinos cortados em fatias longitudinais
1 cebola média, fatiada
1 colher de chá de sementes de aipo
½ copo de vinagre de maçã
½ copo de açúcar
1 colher de sopa de sal grosso

Junte a cebola ao pepino e polvilhe com sal. Tampe o recipiente e aguarde três horas. Coloque debaixo da torneira e deixe a água fria escorrer, lavando bem. Espere enxugar. Enquanto o pepino e a cebola enxugam, junte o açúcar, o sal e as sementes de aipo ao vinagre. Despeje este líquido sobre as hortaliças, misture e feche com tampa hermética. Leve imediatamente ao congelador (freezer). Aguarde uma semana para consumir. Se for preparar seu lanche pela manhã com esta conserva, transfira o recipiente, do congelador para a geladeira, na noite anterior, para degelar. Mantenha as fatias de pepino sempre mergulhadas em líquido. Recorra à Salmoura Básica.

CHUCRUTE TÍPICO

Esta receita merece considerações especiais porque, se o repolho não fermentar com a devida intensidade, cede lugar a microorganismos nocivos que o apodrecem. Se tudo der certo, pode conservá-lo na geladeira à temperatura de 2 ou 3° acima de zero. Se não der, é melhor jogar fora o chucrute. Eis alguns possíveis problemas:

O repolho fermentado cheira mal. Sua cor se altera. A conserva perde a consistência. Talvez tenha faltado sal, ou este não tenha sido bem distribuído. A fermentação pode ter ocorrido a uma temperatura superior à desejável. Ou talvez tenham ficado bolhas de ar durante o acondicionamento.

A conserva torna-se rosada. Isto acontece quando um tipo de fungo nocivo se desenvolve em sua superfície, ou quando não se comprimiu bem o repolho (que deve ficar abaixo do nível da salmoura) durante a fermentação.

A conserva torna-se escura. O repolho não foi lavado convenientemente, ou não se removeram todas as partes pisadas, em fase de decomposição. Talvez tenha faltado salmoura à superfície.

E, há outras causas: fermentação muito ativa, má distribuição do sal, temperatura elevada. Mas a causa também pode ser outra: o chucrute estar conservado há muito tempo. Lembremo-nos de que para tudo — mesmo para as conservas naturais — existe um prazo de validade. O chucrute precisa de quatro semanas para curtir. Deve-se consumi-lo no prazo de poucas semanas, conservá-lo na geladeira, cuidar para que fique sempre mergulhado em salmoura (toda vez que retirar uma porção, deve-se reabastecer o recipiente com uma mistura de ½ litro de água e uma colher de sopa de sal marinho) e usar sempre uma colher de louça ou de vidro para transferir do pote a parte de chucrute desejada em cada refeição.

1 kg de repolho bem sadio, picado grosso
12 colheres de sopa de vinho Chablis
6 frutos de zimbro
1 ½ colher de sopa de sal grosso

Escolha uma tigela funda, de louça ou de vidro, com uma tampa bem ajustável. Faça três camadas sucessivas: de repolho, sal e dois frutos de zimbro, cada. A cada camada, comprima com algo que abranja toda a superfície do repolho para expulsar o máximo possível de ar (é o ar que o faz apodrecer, impedindo a fermentação). Recubra com tecido de algodão e comprima com um peso que abranja toda a superfície da conserva. Coloque a tigela dentro de um recipiente maior, pois logo começará a fermentação que provoca o transbordamento dos sucos do repolho. O ambiente ideal para este início do processo é aquele que ronda entre 20 e 25°.

24 horas depois, você observará que o suco inundou o repolho. Passadas mais 24 horas — se a temperatura estiver correta —, inicia-se a formação de espuma. Chegou o momento de retirar o peso e derramar o vinho Chablis sobre o líquido. Retire a peça de algodão e lave bem. Faça o mesmo com o recipiente maior para o qual o líquido borbulhante escorre. Faça isso todo dia, durante uma quinzena, ao mesmo tempo que escorre e joga fora o líquido fermentado. Aguarde quinze dias para tornar a escorrer. Chegou o momento de acondicioná-lo num pote de dois litros. Esterilize o pote e sua respectiva tampa. Leve o chucrute ao fogo brando e quando perceber que o repolho está prestes a ferver, abasteça com ele o pote de dois litros. Complete com salmoura fervente (na proporção de uma colher de sopa de sal, para um litro de água), deixando o espaço de um centímetro entre a superfície do líquido e a tampa. Feche e volte a esterilizar, em banho-maria, durante quinze minutos. Retire do banho, espere esfriar e conserve na geladeira. Está pronto

para consumir, pois o repolho teve quatro semanas para curtir. O aquecimento só se destina a eliminar algum microorganismo intruso. Cuidado com utensílios contaminantes. Só introduza no pote colheres esterilizadas a quente, feitas de louça ou de vidro. Despeje mais salmoura, cobrindo o repolho. Tampe e recoloque na geladeira. Com estas precauções, é quase impossível que o chucrute se deteriore.

RECHEIOS DE SANDUÍCHES

Este é, de certa forma, um rico complemento do capítulo anterior. Com uma diferença: aqui, o preparo se faz na hora, de manhã (embora se possam cozinhar certos ingredientes na véspera). Dá um pouco mais trabalho e os pratos manipulados não duram muito, nem mesmo na geladeira. Em compensação, cada ingrediente conserva muito mais as suas verdadeiras qualidades nutritivas.

Numa das receitas que apresentamos entra o abacate, o mais perecível de todos. Não que ele se estrague de verdade, se for conservado tampado na geladeira, mas escurece, perde o gosto e a graça. Eis por que não incluímos muitas receitas de abacate, neste e em outros capítulos. E damos aqui um aviso: tão logo o piquemos convém misturá-lo a algum ingrediente ácido (limão, iogurte). A alternativa, sempre que possível (você quererá incluí-lo em outras receitas, por saber que é altamente energético e delicado para o trato digestivo) é mantê-lo inteiro na viagem e só adicioná-lo no momento do consumo.

Na questão do preparo, insistimos: muitos ingredientes podem ficar prontos na véspera. Existem ainda itens que podem ficar prontos uma semana antes, como: abobrinhas, pepininhos e pimentas-doces em conserva. Tudo fica mais fácil, evitando atropelos no momento das combinações, que são múltiplas (não há limites para a criatividade em culinária). O importante é não sobrecarregarmos cada prato com itens só protéicos ou só energéticos.

Observação: a base do sanduíche é sempre o pão integral, de preferência feito em casa. Ele contém menos energia que o pão branco, mas ainda assim a possui em altas doses. Por si só funcionaria como um lanchinho. Eis por que convém ser parcimonioso e criterioso na escolha do recheio: se este for muito oleoso, ou muito doce, dará energia além do necessário e aconselhável.

FEIJÃO-FAVA COM MANTEIGA

200 g de feijão-fava seco
2 dentes de alho esmagados
Caldo de 1 limão
2 colheres de sopa de salsa picadinha
1 colher de sopa de manteiga
2 colheres de sopa de óleo vegetal
Sal marinho e outros temperos a gosto

Deixe o feijão-fava de molho à noite. De manhã, cozinhe e deixe esfriar. Passe numa peneirinha, obtendo massa bem fina. Acrescente o caldo do limão, o alho e a salsa. Complete com a manteiga e o óleo. Misture bem. Adicione sal (e outros temperos, se quiser) e guarde na geladeira, em potinho esterilizado.

PEPINOS COM MANTEIGA

6 pepininhos em conserva
200 g de manteiga
100 g de queijo tipo Minas, curado e ralado
Sal marinho e outros temperos a gosto

Junte o queijo à manteiga e misture bem. Pique os pepinos bem fino e despeje na manteiga. Prove, verificando se falta sal. Se faltar, complete. Guarde na geladeira em potinho esterilizado.

MAÇÃS COM CANELA

500 g de maçãs azedas
1 colher de chá de canela
½ colher de chá de gengibre em pó
½ colher de chá de pimenta-da-jamaica ou outro aromatizante natural
75 g de açúcar mascavo

Lave as maçãs, pique e extraia os caroços. Cozinhe com pouca água até elas ficarem bem macias. Passe-as por uma peneira de malha bem fina obtendo uma massa sem cascas. Recoloque na panela e adicione o açúcar, a canela, o gengibre e a pimenta-da-jamaica. Cozinhe em fogo baixo com uma colher de pau. Espere o recheio adquirir um tom castanho e ficar espesso. Guarde na geladeira, num potinho esterilizado.

QUEIJO PICANTE

200 g de queijo branco fresco
2 colheres de sopa de manteiga
2 colheres de sopa de agrião picado bem fino
2 colheres de sopa de rabanete picado bem fino
Sal marinho e outros temperos a gosto

Bata a manteiga com o queijo, começando por esmagar com o garfo. Misture bem. Adicione os demais ingredientes e volte a misturar. Conserve na geladeira.

QUEIJO COM PASSAS

250 g de queijo tipo Minas, curado e ralado
50 g de manteiga
25 g de passas
3 colheres de sopa de leite integral
Sal marinho e outros temperos a gosto

Junte o leite ao queijo e misture. Complete com a manteiga e bata, obtendo uma pasta densa mas fácil de passar no pão. Pique as passas e junte. Prove, verificando a quantidade de sal.

TÂMARAS COM LIMÃO

200 g de tâmaras
Caldo de dois limões

Pique as tâmaras bem fino e cozinhe-as em seu próprio caldo diluído num pouco de água. Ao perceber que as tâmaras estão macias, esmague-as com um garfo.

Deixe cozinhar mais. Despeje a massa de tâmaras e o caldo dos limões num potinho esterilizado e conserve sob refrigeração.

QUEIJO COM PIMENTA-DO-REINO

200 g de queijo tipo Minas, curado e ralado
1 colher de chá de pimenta-do-reino moída
100 g de manteiga
2 colheres de sopa de leite integral

Misture todos os ingredientes e cozinhe numa frigideira em banho-maria, esperando o queijo derreter. Acondicione num potinho e guarde na geladeira.

AVELÃS COM CREME

750 g de avelãs picadas
4 colheres de sopa de creme de leite
5 colheres de sopa de mel

Triture as avelãs, junte o mel e o creme. Misture bem e acondicione num potinho de tampa hermética. Deixe na geladeira.

COGUMELOS COM ABOBRINHA

25 g de cogumelos
1 abobrinha picada fino
50 g de manteiga
1 cebola fatiada
25 g de ervilhas secas, cozidas
Sal marinho e outros temperos a gosto

Frite a cebola e a abobrinha na manteiga, em fogo baixo. Quando estiverem macias, acrescente os cogumelos. Deixe cozinhar mais alguns minutos, mexendo. Complete com as ervilhas e os demais temperos e deixe cozinhar. Retire do fogo, espere esfriar um pouco e passe por uma peneirinha fina para obter uma pasta bem homogênea. Coloque num potinho. Conserve na geladeira.

RECHEIO SORTIDO

1 pepininho de conserva
100 g de amendoim cru
1 cebola
1 talo de aipo
2 cenouras cruas
Óleo vegetal, vinagre de maçã e sal marinho a gosto

Triture o amendoim. Pique as hortaliças bem fino e junte-as ao amendoim. Complete com óleo, vinagre e sal, evitando carregar muito no tempero. Conserve sob refrigeração.

ABACATE COM REQUEIJÃO

1 abacate pequeno, maduro
25 g de requeijão
25 g de avelãs picadinhas
Caldo de ½ limão
Sal marinho e outros temperos a gosto

Descasque o abacate e remova o caroço esmagando-o bem com um garfo. Junte-lhe o requeijão, o caldo de limão, o sal e os temperos que desejar. Misture bem. Acrescente as avelãs. A massa tem que ficar homogênea e fácil de passar no pão. Despeje num potinho com tampa hermética e leve à geladeira.

ABACATE COM OVO

1 abacate pequeno
1 ovo cozido
½ colher de sopa de manteiga
½ maçã ralada
1 folha de salsa picadinha
Sal marinho e outros temperos a gosto

Depois de descascar o abacate e extrair o caroço, pique-o. Pique também o ovo e misture os dois ingredientes. Esmague-os com um garfo. Acrescente a manteiga e misture bem. Complete com a maçã ralada, a salsa picada, o sal e os temperos que sua imaginação sugerir. Conserve na geladeira.

REQUEIJÃO COM OVO

200 g de requeijão
100 g de queijo tipo Minas, curado e ralado
2 gemas de ovo, cozidas
Salsa e cebolinha picadas fino
1 pitada de sal marinho

Misture todos os ingredientes e acrescente uma pitada de sal para atender melhor ao seu paladar. Conserve sob refrigeração.

FEIJÃO COM QUEIJO

200 g de feijão comum, cozido
100 g de queijo tipo Minas, curado e ralado
200 g de farelo de pão integral torrado
1 colher de sopa de molho de soja (shoyu)
1 cebola picada bem fino
Água para dar o ponto
Sal marinho, cheiro verde e outros temperos a gosto

Passe o feijão cozido por uma peneirinha obtendo uma pasta bem uniforme. Junte o queijo ralado e misture bem. À parte, umedeça o farelo de pão num pouco de água e algumas gotas de shoyu. Numa frigideira doure as rodelas de cebola. Despeje a cebola na mistura de feijão e queijo. Mexa bastante. Esprema o farelo de pão extraindo-lhe o máximo de água que puder. Junte o farelo ao feijão. Misture bem e prove. Provavelmente não vai precisar de sal, pois todos os ingredientes têm seu próprio tempero e o molho de soja é muito salgado. Pode enriquecer esse patê com cheiro-verde, por exemplo. Coloque num potinho e guarde na geladeira.

CASTANHAS COM MANTEIGA

100 g de castanha-de-caju
100 g de manteiga
2 colheres de chá de caril

Misture todos os ingredientes e bata bem. Mantenha sob refrigeração. Esse recheio é altamente energético (por causa da castanha e da manteiga) e picante (devido ao caril, que alguns ainda chamam de *curry*).

AMENDOIM OLEOSO

200 g de amendoim torrado
1 colher de sopa de óleo vegetal
1 colher de chá de sal marinho

Triture o amendoim com a peça mais fina de sua máquina. Recolha numa tijela e junte-lhe o óleo. Misture. Complete com o sal e torne a misturar. Conserve na geladeira, dentro de um potinho fechado.

Observação: você pode fazer esse recheio com qualquer tipo de castanha disponível.

REQUEIJÃO PICANTE

200 g de requeijão
2 gemas cozidas, esmagadas
1 colher de chá de pimenta-do-reino moída
Caldo de dois limões
2 colheres de sopa de molho de soja

Basta misturar bem todos os ingredientes, despejá-los num potinho, tampar e deixar na geladeira até o instante de usar. Pode variar o sabor à vontade, com pimenta-doce moída, salsa ou hortelã picadinha, coentro esmagado... A criatividade nesta — e na maioria das receitas — não tem limites.

TEMPEROS PARA SALADAS

Este capítulo é quase um suplemento do anterior. Fornece amplas alternativas para os sanduíches e para as saladas propriamente ditas. Nada impede que passemos uma porção generosa de Maionese com Castanhas (p. 76) no pão ou que a adicionemos a um lindo prato de hortaliças cruas.

E aqui entra mais uma vez o abacate, facilmente perecível (como explicámos no capítulo anterior). Se ele tivesse o limão como acompanhante, juntaríamos os dois imediatamente para evitar a oxidação. Mas, como seu acompanhante é o iogurte, basta misturá-los no momento do preparo obtendo o mesmo resultado. Portanto, nas variantes que você pretender introduzir incluindo o abacate, lembre-se do aviso: leve o fruto inteiro e complete o preparo no local, sempre que possível.

As próximas receitas servem para sanduíches, saladas e para acompanhar alguns pratos principais como os que aparecem no capítulo Almoços bem Sólidos. Basta um pouco de criatividade: suprimir das receitas os ingredientes muito picantes ou muito oleosos, substituindo-os por um dos pratos sugeridos neste capítulo. Nada é imutável ou estanque, basta que se evite associar dois pratos muito oleosos ou dois muito protéicos, em detrimento dos amiláceos.

Para facilitar as coisas, indicamos quatro receitas de maionese (simultaneamente oleosa e protéica) que serve de base para dezenas de pratos. A maionese conserva-se vários dias na geladeira. Faça-a você mesmo, não compre pronta. Fazendo-a, você sabe o que ela contém.

Quase todos os demais ingredientes são utilizados crus.

MAIONESE BÁSICA

2 ovos cozidos
1 copo de óleo vegetal
2 colheres de sopa de caldo de limão
Sal marinho e cheiro-verde a gosto

Bata no liquidificador os ovos com o caldo do limão. Despeje o óleo aos poucos, com o liquidificador ligado. Adicione pitadinhas de sal e prove. Complete com cheiro-verde. Conserve na geladeira, dentro de um potinho tampado.

MAIONESE COM SALSA

100 ml de Maionese Básica
1 colher de sopa de salsa picadinha
3 colheres de sopa de creme de leite
Sal marinho a gosto

Misture bem todos os ingredientes. Conserve sob refrigeração.

MAIONESE COM CASTANHAS

1 copo de Maionese Básica
50 g de castanha-de-caju moída
Sal marinho a gosto
Caldo de um limão

Misture bem todos os ingredientes, coloque num potinho e guarde na geladeira.

MAIONESE PICANTE

100 ml de Maionese Básica
1 pimenta-de-caiena moída
1 cebola picada bem fino
4 colheres de sopa de creme de leite
Caldo de ½ limão
Sal marinho a gosto

Misture os ingredientes e complete com uma pitada de sal. Mantenha sob refrigeração.

IOGURTE COM ABACATE

1 copo de iogurte
1 abacate maduro transformado em pasta
1 colher de sopa de caldo de limão
½ cebola picada fino
1 tomate bem maduro transformado em massa
1 dente de alho esmagado
Sal marinho e outros temperos a gosto

Tão logo esmague a polpa do abacate, despeje o caldo do limão para evitar sua oxidação e consequente escurecimento. Junte a massa de tomate e a cebola. Misture bem. Complete com o alho e o iogurte, dosando bem para obter uma boa consistência.

TOFU COM SHOYU

100 g de queijo de soja (tofu)
2 colheres de sopa de molho de soja (shoyu)
2 colheres de sopa de óleo vegetal
1 colher de sopa de vinagre de maçã
1 folha de salsa picadinha

Esmague o tofu com um garfo. Junte os demais ingredientes e misture obtendo boa homogeneidade. Se quiser acrescente um pouco de sal, mas lembre-se de que o shoyu é bastante salgado.

MISSÔ COM SALSA

½ copo de pasta de soja (missô)
2 folhas de salsa picadinha
Caldo de um limão
Água para dar o ponto

Dilua o missô num pouco de água, amaciando a pasta, ao fogo. Retire e deixe esfriar. Junte os demais ingredientes e misture bem.

LIMÃO COM SALSA

4 colheres de sopa de caldo de limão
2 folhas de salsa picadinha
8 colheres de sopa de óleo
Sal marinho e outros temperos a gosto

Coloque todos os ingredientes no liquidificador. Bata bem. Conserve na geladeira durante duas semanas.

MISSÔ COM GRÃO-DE-BICO

2 colheres de sopa de pasta de soja (missô)
1 copo de grão-de-bico cozido
1 colher de sopa de óleo vegetal
Caldo de um limão
1 dente de alho esmagado
Sal marinho a gosto
1 folha de salsa picadinha

Triture o grão-de-bico cozido e junte os demais ingredientes. Prove antes de adicionar o sal.

CREME COM AGRIÃO

1 copo de creme azedo
1 macinho de agrião picado bem fino
Caldo de um limão
Sal marinho e outros temperos a gosto
Leite para dar o ponto

Misture todos os ingredientes, reservando o leite para o fim: este deverá ser adicionado aos poucos até você conseguir a consistência que deseja.

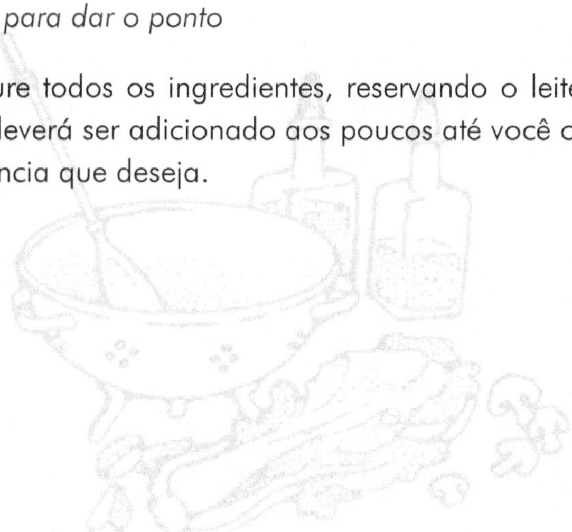

QUEIJO COM COCO

700 g de queijo branco fresco
100 g de coco ralado
2 colheres de sopa de mel
Leite para dar o ponto

Esmague o queijo com um garfo. Junte leite pouco a pouco e continue esmagando até torná-lo meio líquido. Complete com o mel e misture bem. Faça o mesmo com o coco ralado. Mantenha sob refrigeração.

REQUEIJÃO COM MAIONESE

2 copos de requeijão
6 colheres de sopa de Maionese Básica
2 colheres de chá de vinagre de maçã
4 pés de cebolinha-de-cheiro picada fino
2 folhas de salsa picadinha
4 folhas de estragão

Coloque todos os ingredientes no liquidificador e bata bem, obtendo homogeneidade total. Guarde na geladeira.

HORTELÃ COM IOGURTE

1 colher de sopa de hortelã picada fino
1 copo de iogurte
1 colher de sopa de caldo de limão
1 colher de chá de açúcar mascavo

Misture muito bem e conserve sob refrigeração.

SHOYU COM GENGIBRE

4 colheres de sopa de molho de soja (shoyu)
1 colher de chá de gengibre em pó
4 colheres de sopa de vinagre de maçã
2 colheres de chá de mel
4 colheres de sopa de óleo vegetal

Bata todos os ingredientes no liquidificador até se integrarem totalmente. Conserve na geladeira.

CASTANHAS COM LIMÃO

750 g de castanha-de-caju moída
Caldo de limão
2 dentes de alho moídos
100 g de farelo de pão integral torrado
Leite para dar o ponto
Sal marinho e outros temperos a gosto
Pimenta madura, se desejar

Junte o alho, o farelo de pão e o caldo de limão à castanha moída. Misture e vá pingando leite. Mexa bem e pare de adicionar leite quando conseguir a consistência desejada (a de creme leve). Tempere com sal, pouco a pouco, provando de cada vez. Para tornar este molho picante, adicione uma pimenta madura, moída.

IOGURTE COM MEL

2 copos de iogurte
2 colheres de chá de mel
1 colher de chá de caldo de limão
2 colheres de chá de azeite de oliva

Misture bem todos os ingredientes e guarde na geladeira.

ÓLEO COM ALHO

1 copo de óleo
5 dentes de alho picados
1 colher de chá de sal marinho
Suco de um limão

Coloque os pedacinhos de alho no óleo de oliva. Acrescente o caldo de limão, tampe e aguarde uma semana antes de começar a usar.

CREME COM CEBOLA

1 copo de creme azedo
1 colher de sopa de cebola picada bem fino
½ colher de chá de sal marinho
½ colher de chá de pimenta-do-reino moída
1 colher de sopa de caldo de limão

Misture os ingredientes, reservando o creme para o fim. Adicione-o pouco a pouco, mexendo bem. Mantenha em local bem fresco.

RÁBANO COM OVOS

4 colheres de sopa de rábano fresco, ralado
2 gemas de ovos bem cozidas
½ copo de creme de leite
1 colher de sopa de caldo de limão
1 colher de sopa de vinagre de maçã
1 colher de chá de sal marinho
½ colher de chá de pimenta-do-reino moída
½ colher de chá de açúcar mascavo

Transforme as gemas em pasta, com um garfo. Adicione o sal, a pimenta, o açúcar e o rábano. Misture bem. Pingue pouco a pouco o caldo do limão e o vinagre, misturando sempre. O molho deve ficar cremoso mas não muito espesso. Complete com o creme e torne a misturar. Conserve na geladeira.

AMENDOIM COM SHOYU

1 copo de amendoim torrado
1 colher de sopa de molho de soja (shoyu)
1 dente de alho moído
Óleo para dar o ponto

Triture o amendoim e adicione o shoyu. Misture. Complete com o alho moído. Vá pingando o óleo e misturando até conseguir o ponto que quiser (um líquido bem grosso).

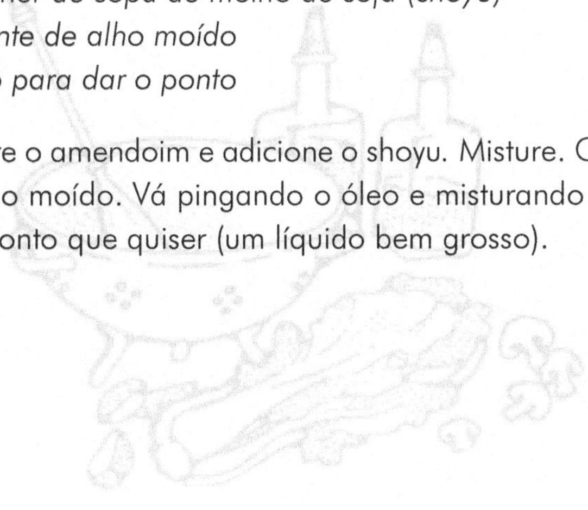

AMÊNDOAS COM LIMÃO

20 g de amêndoas raladas
1 colher de sopa de caldo de limão
4 colheres de sopa de azeite de oliva
1 colher de chá rasa de sal marinho
1 dente de alho moído

Misture o alho com as amêndoas e o limão. Bata até ficar cremoso. Despeje pouco a pouco o azeite de oliva, mexendo sempre. Conserve na geladeira.

QUEIJO COM PIMENTA-DO-REINO

50 g de queijo branco fresco
1 colher de chá rasa de pimenta-do-reino moída
1 dente de alho moído
2 colheres de sopa de caldo de limão
1 colher de chá de açúcar mascavo
1 colher de chá rasa de sal marinho
Óleo para dar o ponto

Despeje os ingredientes — exceto o óleo — no liquidificador e bata. Adicione o óleo pouco a pouco, batendo sempre. Pare de adicionar quando conseguir a consistência desejada. Guarde na geladeira.

AZEITE COM PIMENTA-DO-REINO

1 copo de azeite de oliva
1 colher de chá de pimenta-do-reino moída
1 dente de alho moído
½ copo de vinagre de maçã
1 colher de chá de sal marinho

Misture os ingredientes — exceto o azeite —, garantindo perfeita homogeneidade. Adicione o azeite, sem parar de mexer. Basta conservar em local fresco porque nenhum desses ingredientes se deteriora com facilidade.

AZEITE COM CHEIROS-VERDES

1 folha de alho picada fino
1 colher de sopa de salsa picadinha
1 colher de sopa de hortelã picada
1 colher de sopa de cebolinha-de-cheiro picada
1 colher de sopa de folhas de agrião picadas bem fino
1 copo de azeite de oliva
1 colher de chá de pimenta-do-reino moída
1 dente de alho moído
1 copo de vinagre de maçã
2 colheres de chá de sal marinho

Misture o vinagre, o alho, o sal e a pimenta-do-reino. Acrescente o azeite e mexa bem. Junte os cheiros-verdes e misture. Irá obter um molho que é uma autêntica salada, energética e riquíssima em vitaminas que só se encontram no reino vegetal. Só prepare este molho momentos antes de usar. Conserve-o numa garrafa térmica pequena para consumir no trabalho.

LIMÃO COM PIMENTA-DO-REINO

4 colheres de sopa de caldo de limão
1 colher de chá rasa de pimenta-do-reino moída
1 colher de chá de sal marinho
1 colher de chá rasa de açúcar mascavo
1 colher de chá de mostarda em pó
1 copo de azeite de oliva

Misture o caldo do limão, o sal, a pimenta-do-reino, o açúcar mascavo e a mostarda. Complete com o azeite, aos poucos, sem parar de mexer. Conserve na geladeira, numa garrafa própria para molho fino. Agite antes de usar.

QUEIJO TIPO "CABACINHA"

Fazemos o queijo tipo "cabacinha" com iogurte. Despeje o iogurte num saquinho de tecido bem ralo, amarre a boca e pendure em local bem arejado onde possa pingar o soro. Passadas 24 horas, terá um queijo cremoso. Mergulhe o queijinho (ainda dentro do saquinho) numa salmoura e aguarde uma hora. Retire e deixe escorrer o líquido. No dia seguinte estará pronto para consumo. Também pode consumi-lo sem a imersão, na salmoura.

IOGURTE NATURAL

1 litro de leite
2 colheres de sopa de iogurte industrial

Aqueça o leite até ficar a um passo da fervura (assim matará os microorganismos nocivos). Retire do fogo e espere até ele ficar com a temperatura dos seus dedos. Adicione o iogurte (que precisa ter qualidade comprovada) e mexa bem. Conserve à temperatura de 35 a 40° durante quinze horas. Quando o leite coagular, leve à geladeira. Esse iogurte se manterá inalterado durante uma semana. Se quiser fazer mais, não deixe para o último dia de validade do iogurte: já no segundo ou terceiro dia, retire duas colheres do produto e adicione a outro litro de leite aquecido e resfriado. Não convém usar este processo indefinidamente, pois a cultura de lactobacilos (responsáveis pela fermentação do leite) podem degenerar-se e perder parte de sua atividade. Assim, uma vez por mês ou até menos (dependendo do ritmo de consumo de cada um), é aconselhável recomeçar todo o processo comprando um novo copo de iogurte para o reinício da cultura.

SALADAS PARA VIAGEM

(...)

Uma salada bem balanceada equivale a uma refeição principal, especialmente quando se destina a quem percebe que tende a engordar quando abusa de óleos e massas. Essa foi uma de nossas preocupações. A outra: que uma salada ambulante não se resumisse àquela mistura amorfa de vegetais naufragados em molhos que, embora saborosos e nutritivos, em nada contribuem para o visual do prato. Uma salada tem que ter boa aparência!

Foi com esse objetivo que, em muitos casos, deixamos a escolha do tempero a seu critério. (O capítulo anterior fornece dezenas de alternativas). Nada impede que se leve o tempero num frasco, e o adicione aos ingredientes principais no momento do consumo, para parecer uma refeição preparada na hora. Em outros casos, sugerimos tempero próprio, para ser adicionado antes de sair de casa. Temos certeza de que se ele for acondicionado em recipiente térmico não perderá sua boa aparência e qualidades, ainda que viaje algumas horas). Experimente.

É importante repetir: não use um molho muito energético (com amendoim, óleo ou mel) numa salada em que estes ingredientes já predominem. Da mesma forma, não adicione um tempero muito protéico (de queijo ou requeijão) a uma salada com muita proteína. Convém fazer a média, balancear bem.

Muitos ingredientes podem ser preparados à noite, com antecedência.

BANANA COM MILHO

2 bananas fatiadas
50 g de milho verde
1 pimenta-doce picadinha
1 colher de sopa de caldo de limão
1 pé de agrião picado
5 folhas de alface rasgadas
1 colher de sopa de salsa picadinha
Tempero de Azeite com Pimenta-do-Reino

Espalhe a alface no fundo de um recipiente. Despeje duas colheres de sopa de Tempero de Azeite. À parte, misture o milho, a pimenta-doce e a banana. Borrife com uma colher de caldo de limão. Despeje sobre o centro da cama de alface e circunde com punhadinhos de agrião. Guarneça com a salsa. Complete com mais Tempero de Azeite.

OVO COM FEIJÃO

1 ovo cozido
100 g de feijão branco cozido (frio)
1 colher de sopa de salsa picada
1 pé de agrião picado
Tempero de Limão com Pimenta-do-Reino

Despeje o Tempero de Limão e a salsa no feijão branco. Forre o recipiente com as folhas do agrião. Distribua por cima colheradas de feijão branco temperado. Esfarele o ovo e espalhe-o na superfície da salada.

NABO COM AIPO

200 g de nabo fatiado
1 aipo descascado, ralado
1 colher de sopa bem cheia de castanha-de-caju ralada
5 folhas de alface rasgadas
Óleo, limão e sal marinho a gosto

Forre o recipiente com a alface e despeje no centro o aipo ralado. Circunde o aipo com as fatias de nabo. Borrife com óleo, limão e sal. Polvilhe com as castanhas raladas.

ALCACHOFRA COM REPOLHO

100 g de alcachofra ralada
100 g de repolho picado bem fino
5 pés de agrião picado
1 colher de sopa de castanha-de-caju moída
50 g de queijo cremoso picado em cubos
Óleo, caldo de limão e sal marinho a gosto

Misture a alcachofra com o caldo do limão, o sal e o óleo. Despeje a mistura no centro do recipiente e guarneça com o agrião e o repolho picados. Polvilhe com as castanhas. Complete com os pedacinhos de queijo.

REPOLHO COM AGRIÃO

100 g de repolho picado fino
100 g de agrião picadinho
Tempero de Azeite com Pimenta-do-Reino

Faça duas camadas alternadas de repolho e de agrião. Tempere com o Tempero de Azeite.

LARANJA COM ALFACE

2 laranjas picadas
½ cebola picada em rodelas
1 pepino em conserva, picado em rodelas
1 cabeça de alface
2 colheres de sopa de vinagre de maçã
6 colheres de sopa de óleo vegetal
½ colher de chá de mostarda em pó
½ colher de chá de sal marinho
½ colher de chá de pimenta-do-reino moída

Distribua a alface no fundo do recipiente e circunde-a com o pepino e a laranja. Complete com a cebola em rodelas. À parte, prepare o tempero com o vinagre, a mostarda, o sal e a pimenta-do-reino. Despeje sobre a laranja e a alface.

OVOS COM CHICÓRIA

2 ovos cozidos
½ cabeça de chicória rasgada
3 colheres de sopa de aipo ralado
Tempero de Amêndoas com Limão

Forre o recipiente com as folhas de chicória e jogue o aipo. Distribua as fatias de ovo em torno do aipo. Tempere com o Tempero de Amêndoas com Limão.

RABANETES COM AGRIÃO

5 rabanetes fatiados
5 pés de agrião picado
1 cebola cortada em rodelas
Maionese Básica

Espalhe as rodelas de cebola no fundo do recipiente. Faça um círculo com o agrião picado. Distribua as fatias de rabanete e tempere com a Maionese Básica.

COUVE-DE-BRUXELAS COM AIPO

100 g de couve-de-bruxelas picada
½ cabeça de aipo picadinho
Tempero de Requeijão com Maionese

Espalhe camadas de aipo e couve-de-bruxelas. Regue com o Tempero de Requeijão com Maionese.

CENOURA COM CASTANHAS

1 cenoura ralada
1 maçã ralada
2 colheres de sopa de castanha-de-caju picada
1 talo de aipo picado
1 pé de agrião
1 colher de Tempero de Azeite com Pimenta-do-Reino

Prepare o Tempero de Azeite com Pimenta-do-Reino e o adicione rápido à maçã, à cenoura e ao aipo evitando que estes ingredientes mudem de cor ao serem ralados ou picados. Despeje a salada no recipiente. Complete com as castanhas picadas e as folhas do agrião.

IOGURTE COM PASSAS

1 copo de iogurte natural
2 colheres de sopa de uva passa
1 colher de sopa de avelãs picadas
1 pepininho ralado
1 tomate fatiado
½ cebola fatiada
1 colher de chá de hortelã picada
1 colher de chá de manjerona
Sal marinho e pimenta-do-reino a gosto

Depois de ralar o pepininho, escorra seu caldo. Deixe as passas de molho em água fervente durante cinco minutos. Misture o iogurte ao pepino. Complete com os outros temperos. Guarneça com as fatias de tomate.

AIPO COM COUVE-DE-BRUXELAS

1 copo de aipo picado fino
1 copo de couve-de-bruxelas picada fino
1 copo de maçã ralada grosso
1 copo de agrião picado
5 folhas de alface
1 colher de sopa de gergelim torrado
Tempero de Iogurte com Açúcar

Forre o recipiente com as folhas de alface. Misture o aipo, o agrião, a maçã e a couve-de-bruxelas. Espalhe sobre a alface e regue com o Tempero de Iogurte com Açúcar. Polvilhe com o gergelim torrado.

BATATAS COM CREME

½ kg de batatas cozidas, fatiadas
100 ml de creme azedo
5 folhas de alface
1 colher de chá rasa de sal marinho
Mostarda em pó a gosto
1 colher de sopa de vinagre de maçã
Pimenta-do-reino moída
1 colher de chá de sementes de funcho

Misture a pimenta-do-reino, o sal, as sementes de funcho, o vinagre e o creme. Espalhe as batatas no fundo de uma tigela. Regue com o tempero e conserve na geladeira. Antes de sair, forre o recipiente com as folhas de alface e despeje a salada.

VEGETAIS PICANTES

½ cabeça de alface rasgada
½ copo de alho-poró picado fino
½ copo de rabanetes picadinhos
½ copo de pimenta-doce picada
2 tomates fatiados
½ copo de aipo picado fino
½ copo de azeitonas picadas
2 colheres de sopa de azeite de oliva
2 colheres de sopa de caldo de limão
2 colheres de sopa de salsa picada fino
½ colher de chá de açúcar mascavo
1 colher de chá rasa de sal marinho

Forre o recipiente com a alface. Depois vá compondo fileiras com cada ingrediente, alternando-os conforme a cor. Espalhe as azeitonas picadas. Prepare à parte um molho com a salsa, o azeite de oliva, o açúcar mascavo e o sal. Distribua sobre a salada.

AVELÃS COM MAÇÃS

50 g de avelãs picadas
2 copos de maçãs picadas em cubos
½ copo de Maionese Básica
1 copo de aipo em fatias
5 pés de agrião picado

Numa tigela, misture a maionese com o aipo e as maçãs, mexendo bem. Adicione cerca de 30 g de avelãs. Forre o recipiente com o agrião e despeje a salada. Polvilhe com o restante das avelãs.

BRÓCOLIS COM MAIONESE

150 g de brócolis cozidos, mornos
6 colheres de sopa de Maionese Básica
1 tomate picado em cruz
½ cabeça de alface picada
1 colher de sopa de iogurte
1 colher de sopa de cebola picadinha
1 dente de alho moído
1 colher de sopa de salsa picadinha
1 pimenta-doce picada
1 colher de sopa de vinagre de maçã
1 colher de sopa de caldo de limão

Prepare um molho com o alho, a cebola, a salsa, a pimenta-doce, o caldo do limão, o vinagre, a maionese e o iogurte. Forre o recipiente com as folhas de alface, espalhe os cachinhos de brócolis e enfeite com os pedaços de tomate. Tempere com o molho.

UVA PASSA COM MAÇÃS

50 g de uva passa
2 maçãs com casca, picadas
200 g de repolho picado fino
5 rodelas de cebola
1 copo de iogurte natural

Deixe as passas de molho em água quente para amolecer. Misture todos os ingredientes, deixando o iogurte para o fim.

FEIJÃO COM TOMATE

200 g de feijão branco, cozido
1 tomate picado em cruz
½ colher de chá de pimenta-do-reino moída
Sal marinho a gosto
1 colher de chá rasa de açúcar mascavo
1 colher de chá de manjericão picado
1 dente de alho moído
2 colheres de sopa de cebola picada
2 colheres de sopa de salsa picada
6 colheres de sopa de vinagre de maçã
6 colheres de sopa de azeite de oliva
1 pepininho em conserva, fatiado
1 pimenta-doce picadinha
½ xícara de aipo picado

Faça um tempero com a cebola, o alho, a salsa, a pimenta-doce, o vinagre, o manjericão, o açúcar, o sal e o azeite. Espalhe o feijão dentro do recipiente. Arrume os quatro pedaços de tomate. Intercale as rodelas de pepino e os pedaços de aipo. Polvilhe com pimenta-do-reino e regue com o tempero.

2 copos de couve-flor cozida em água salgada
1 abacate esmagado
1 tomate picado em cubos
½ cebola picada
5 folhas de chicória
1 dente de alho moído
Pimenta-do-reino moída
Sal marinho a gosto
2 colheres de sopa de azeite de oliva
1 colher de sopa de vinagre de maçã

Misture o azeite com o sal, a pimenta-do-reino, o vinagre e o alho preparando o molho. Despeje o abacate, o tomate e a cebola no liquidificador. Adicione uma pitada de sal e bata. Desligue. Distribua a couve-flor no recipiente e cubra com as folhas de chicória. Despeje o tempero de azeite, o sal etc. Complete com a mistura de tomate com abacate.

COGUMELOS COM PIMENTA-DOCE

50 g de cogumelos
1 pimenta-doce picada
Tempero de Limão com Salsa

Pique os cogumelos, junte os pedacinhos de pimenta-doce e complete com o Tempero de Limão com Salsa. Terá uma salada com bastante proteína e poucos carboidratos.

BATATAS COM CASTANHAS

2 batatas médias
1 colher de sopa de castanha-de-caju ralada
5 folhas de alface
1 colher de sopa de cenoura ralada
1 colher de sopa de beterraba ralada
1 colher de sopa de repolho picado
1 fatia de cebola
3 ramos de agrião picado
1 colher de sopa de uva passa
½ maçã fatiada
1 ovo cozido
Tempero de Limão com Pimenta-do-Reino

Forre o recipiente com a alface. Distribua sobre ela os demais ingredientes, deixando a batata por último. Complete com o Tempero de Limão.

CASTANHAS COM MAÇÃ

1 colher de sopa de castanha-de-caju picada
1 maçã com casca, fatiada
Caldo de um limão
5 ramos de agrião
1 colher de sopa de azeite de oliva
Sal marinho a gosto

Coloque os ramos de agrião no fundo do recipiente. Mergulhe as fatias da maçã no caldo do limão para que não percam a cor. À parte, prepare um tempero com o sal e o azeite. Espalhe as fatias de maçã sobre o agrião. Faça o mesmo com a castanha. Despeje o molho.

CHICÓRIA COM TOMATES

5 folhas de chicória
2 pés de alho-poró
4 tomates sem pele, picados em cubos
½ maçã picada em cubos
1 colher de sopa de caldo de limão
1 colher de sopa de azeite de oliva
1 colher de chá rasa de açúcar mascavo
Sal marinho a gosto

Polvilhe os pedaços de alho-poró com um pouquinho de sal. Ao picar a maçã, mergulhe suas fatias no limão para impedir que elas percam sua linda cor sedosa. Espalhe o tomate, o alho-poró e a maçã sobre as folhas de chicória que forram o recipiente. Prepare o molho com os demais ingredientes. Despeje-o sobre a salada.

CHICÓRIA COM AZEITONAS

10 folhas de chicória picada
50 g de azeitonas pretas, picadas
50 g de queijo tipo Minas, curado e ralado
1 dente de alho moído
1 tomate sem pele, fatiado
1 colher de sopa de limão

Espalhe a chicória no fundo do recipiente. Borrife-a com o caldo do limão. Distribua as fatias de tomate e polvilhe com o alho moído e os pedacinhos de azeitona. Borrife com mais caldo de limão. Espalhe o queijo.

CENOURA COM REPOLHO

1 cenoura ralada
½ cabeça de repolho picado fino
2 rodelas de cebola
½ copo de beterraba cozida, picada em cubos
5 pés de agrião (aproveitar só brotos e folhas)
1 copo de batatas cozidas, picadas em cubos
1 tomate grande, sem pele, picado
1 pimenta-doce fatiada
½ copo de feijão-de-vagem cozido
1 dente de alho esmagado
Tempero de Azeite com Pimenta-do-Reino

Friccione o recipiente com o alho. Despeje o repolho. Despeje um pouco do Tempero de Azeite nos tomates. Adicione os tomates aos demais ingredientes e espalhe sobre o repolho. Distribua as fatias de pimenta-doce e complete com mais um pouco de Tempero de Azeite.

UVA PASSA COM OVOS

50 g de uva passa
2 ovos cozidos, cortados ao meio
½ cabeça pequena de chicória picada
2 cenouras raladas
2 colheres de sopa de Maionese Básica
1 colher de sopa de salsa picadinha
5 folhas de alface

Forre o recipiente com a alface e distribua sobre ela as cenouras, a chicória, as passas e um pouco de maionese. Distribua os ovos e a salsa picada. Acrescente mais maionese.

ERVILHAS COM ESPINAFRE

1 copo de ervilhas verdes, cozidas
100 g de espinafre picado
½ copo de batatas cozidas, picadas em cubos
1 copo de tomate picado em cubos
1 copo de feijão-de-vagem cozido
1 copo de beterraba cozida, picada em cubos
½ copo de rabanete fatiado
1 miolo de cabeça de alface picada
10 azeitonas pretas
Tempero de Limão com Pimenta-do-Reino

Faça duas camadas de alface e espinafre, alternadamente. Adicione os demais ingredientes, arrematando com as azeitonas. Tempere com o Tempero de Limão.

COUVE-FLOR COM AGRIÃO

1 cabeça pequena de couve-flor
5 pés de agrião
2 laranjas picadas, sem as sementes e a pele dos gomos
1 colher de sopa de caldo de limão
1 cabeça pequena de aipo picado em "palitinhos"
2 ovos cozidos, picados
1 colher de sopa de cebola picada fino
Tempero de Azeite com Pimenta-do-Reino

Espalhe os cachinhos de couve-flor no recipiente. Borrife-os com o limão. Faça camadas de laranja, aipo, agrião e cebola. Despeje o Tempero de Azeite. Espalhe os ovos picados. Complete com mais tempero.

COUVE-FLOR COM FEIJÃO

½ cabeça de couve-flor crua
50 g de feijão-de-vagem cozido, picado
½ copo de ervilhas verdes, cruas
1 colher de sopa de óleo
Pimenta-do-reino a gosto
Sal marinho a gosto
½ copo de Iogurte Natural
1 colher de sopa de cebolinha-de-cheiro picada
1 rabanete picadinho
5 fatias de pepino
1 cenoura ralada

Faça montinhos de cachos de couve-flor no centro do recipiente. Distribua os demais ingredientes (exceto os temperos) ao redor. Tempere com o iogurte, a cebolinha, o óleo, a pimenta-do-reino e o sal.

IOGURTE COM RABANETES

1 copo de iogurte natural
1 macinho de rabanetes fatiados
1 colher de chá de açúcar mascavo
Caldo de um limão
Sal marinho a gosto

Prepare um molho com o caldo do limão, o sal, o açúcar mascavo e o iogurte. Distribua os rabanetes no recipiente e tempere com o molho.

ABACATE COM CEBOLA

1 abacate bem esmagado
1 cebola picadinha
2 tomates picados em cubos
Caldo de um limão
5 folhas de alface
Páprica a gosto
1 colher de sopa de óleo
Sal marinho a gosto
Pimenta-do-reino a gosto

Forre o recipiente com a alface. Esmague o abacate e misture, no ato, o caldo do limão para a polpa não escurecer. Junte a cebola aos tomates, à pimenta-do-reino, ao sal e à páprica. Espalhe o purê de abacate e distribua por cima os pedacinhos de tomate temperado. Complete com o óleo e uma pitada de sal.

AGRIÃO COM ALFACE

5 pés de agrião picado
1 miolo de cabeça de alface rasgada
1 tangerina picada, sem pele e sementes
6 colheres de sopa de vinagre de maçã
6 colheres de sopa de azeite de oliva
Sal marinho a gosto

Forre o recipiente com metade das folhas de alface. Despeje a mistura do agrião com a alface restante. À parte, misture o vinagre com o azeite, o sal e a tangerina, e regue a salada.

AIPO COM BERINJELA

1 colher de sopa de aipo picadinho
1 berinjela cozida, cortada em cubos
Caldo de um limão
Água
1 dente de alho esmagado
1 colher de chá de sal marinho
1 colher de sopa de cebola picada
Folhinhas de salsa
Folhas de alface
Maionese Básica
Tempero de Azeite com Pimenta-do-Reino

Pique a berinjela em cubos e coza na mistura do caldo do limão com água, o alho e o sal durante cinco minutos. Se sobrar água, escorra-a. Junte a cebola, o aipo e um pouco de Tempero de Azeite com Pimenta-do-Reino. Divida o recipiente destinado à salada, pondo de um lado a alface, a maionese e a salsa. Do outro lado coloque a mistura da berinjela com os temperos.

ESPINAFRE AO ÓLEO

100 g de folhas de espinafre bem tenras, picadas
Caldo de ½ limão
2 colheres de sopa de óleo vegetal
1 colher de sopa de salsa picadinha
Sal marinho a gosto

Coloque o espinafre em um recipiente. Prepare um molho com os restantes ingredientes e o distribua uniformemente por cima do espinafre. Misture bem.

ALFACE COM FUNCHO

5 folhas de alface rasgadas
1 raiz de funcho, picadinha
1 tomate sem pele, fatiado
Folhas de funcho bem picadas
3 colheres de sopa de vinagre de maçã
6 colheres de sopa de óleo
½ colher de chá de pimenta-do-reino moída
½ colher de chá de sal marinho

Junte o funcho (raiz e folhas) à alface picada. Coloque no recipiente e espalhe por cima as fatias de tomate. Misture à parte os demais ingredientes e despeje-os na salada. Misture um pouco.

ALFACE BEM AROMÁTICA

1 cabeça de alface rasgada
1 colher de sopa de caldo de limão
1 colher de chá de sal marinho
1 colher de chá de açúcar mascavo
1 colher de sopa de cebolinha-de-cheiro picada
1 colher de sopa de salsa picadinha
1 colher de sopa de cerefólio picado

Prepare um molho com a salsa, a cebolinha, o cerefólio, o sal, o açúcar mascavo e o caldo do limão. Distribua a alface no recipiente e despeje o tempero. Convém consumir esta salada logo após o seu preparo, por isso, mantenha os ingredientes separados e tempere na hora de consumir.

CENOURAS COM COUVE

2 cenouras fatiadas no sentido longitudinal
5 folhas de couve picadinhas
2 colheres de chá de açúcar mascavo
2 colheres de chá de caldo de limão
2 colheres de chá de azeite de oliva
5 folhas de hortelã picadas
Sal marinho a gosto

Misture as cenouras com a couve e a hortelã. Adicione o azeite de oliva, o sal, o açúcar e o caldo do limão.

CENOURA COM TOMATES

1 cenoura ralada
2 tomates sem pele, picados
1 copo de repolho picadinho
1 cebola pequena, picada
1 copo de aipo picado
Tempero de Azeite com Pimenta-do-Reino

Misture a cenoura, o aipo, a cebola, os tomates e o repolho, adicionando a quantidade de Tempero de Azeite com Pimenta-do-Reino que seu paladar aconselhar.

PEPINO COM TOMATES

1 pepino pequeno, fatiado
3 tomates picados
50 g de azeitonas pretas, picadas
1 dente de alho moído
100 g de queijo tipo Minas curado e ralado
1 colher de sopa de caldo de limão
1 colher de sopa de azeite de oliva
Sal marinho, se necessário

Junte os tomates ao pepininho. Espalhe o dente de alho, as azeitonas e o queijo ralado. Borrife com o azeite e o limão. Acrescente sal, se julgar que as azeitonas não salgaram o suficiente os demais ingredientes.

CENOURA COM RABANETES

1 cenoura grande, ralada
5 rabanetes ralados
1 beterraba crua, ralada
1 colher de sopa de azeite de oliva
1 colher de sopa de caldo de limão
Sal marinho a gosto

Faça montículos de cenoura, rabanete e beterraba, no fundo do recipiente. Distribua em volta o azeite de oliva e o limão. Polvilhe com o sal.

OVOS COM FOLHAGENS

2 ovos cozidos, picados
5 pés de agrião picado
5 folhas de chicória picada fino
5 folhas de alface rasgada
1 colher de chá de cebolinha-de-cheiro picada
1 colher de sopa de salsa picada fino
Tempero de Azeite com Pimenta-do-Reino

Reserve os ovos, a salsa e a cebolinha para o final. Misture os demais ingredientes, completando com o Tempero de Azeite. Espalhe os ovos, a salsa e a cebolinha. Pode regar com mais Tempero de Azeite com Pimenta-do-Reino.

TOMATES COM OVOS

2 tomates picados em cruz
2 ovos cozidos, picados
2 talos de aipo picados
25 g de azeitonas pretas, picadas
4 rabanetes fatiados
1 pimenta-doce picada
½ cebola picada
1 colher de chá de manjericão fresco, picado
½ colher de chá de sal marinho
1 colher de sopa de caldo de limão
2 colheres de sopa de azeite de oliva

Prepare um molho com o caldo do limão, o azeite, o manjericão e o sal. Misture os demais ingredientes e despeje parte do molho por cima. Distribua os ovos picados e pingue um pouquinho de molho em cada um.

BATATAS COM CENOURA

2 batatas cozidas, fatiadas
1 cenoura cozida, fatiada
1 beterraba cozida, fatiada
½ colher de sopa de estragão
1 colher de hortelã picada
1 colher de salsa picadinha
½ copo de castanha-de-caju torrada, ralada
Tempero de Azeite com Pimenta-do-Reino

Faça camadas com as batatas, a cenoura e a beterraba. Espalhe os cheiros-verdes e despeje o Tempero de Azeite. Polvilhe com a castanha ralada.

OVOS COM BERINJELA

2 ovos cozidos
½ berinjela cozida, picada em cubos
½ copo de aipo picadinho
½ copo de avelãs picadas
Caldo de limão
Tempero de Azeite com Cheiros-Verdes

Enquanto os cubos de berinjela ainda estiverem quentes, junte o limão e o aipo. Transfira para uma saladeira e despeje um pouco do Tempero de Azeite com Cheiros-Verdes. Complete com os ovos e as avelãs picadas. Acrescente mais tempero.

BEBIDAS QUE NUTREM

Um "lanche de viagem" poderia constar simplesmente de um copo de leite, duas fatias de pão integral e uma fruta. Nada mais simples. Vamos portanto complicar um pouco, sem com isso criar grandes problemas para a merenda engarrafada. Como utensílios, precisaremos apenas de um liquidificador e de uma garrafa térmica pequena.

Leite, frutas da época, algum tipo de castanha, limão, açúcar (sempre o mascavo, que contém muitos sais minerais), coco, mel (também rico em sais), aveia (grande fonte de vitaminas), passas (que dão muita energia), salsinha (muita vitamina C), aipo, cenoura (muita vitamina A), ovo (sais minerais e proteínas), avelã (muito energética) e maçã (que contém quase tudo) serão os ingredientes. O resultado será um líquido adocicado, balanceado, para tornar refrescante a pausa no trabalho ou em casa, se você não for muito ligado a merendas sólidas.

O preparo é simples: retire os ingredientes da geladeira, enxague, pique, bata no liquidificador e despeje na garrafa térmica. Apesar dessa simplicidade, cuidamos, na elaboração das receitas, para que todas as bebidas tivessem uma certa uniformidade nutricional, independente de seus variadíssimos sabores. A receita de Ovo com Limão pode até substituir o almoço, se você estiver de regime: a clara fornece proteína, a gema sais minerais, o mel as calorias e o limão a vitamina C, além de outras que lhe estão naturalmente agregadas.

Quem não gosta de carregar sobremesa ou está tentando abrir mão do mau hábito do café, tem nestas receitas a solução ideal que dá o doce arremate às refeições salgadas contidas nos dois capítulos seguintes.

LEITE COM AVELÃS

2 copos de leite
1 colher de sopa de avelãs picadas
1 colher de chá de mel
Caldo de ½ laranja
Caldo de ½ limão

Dilua o mel no leite e adicione os sucos de laranja e limão aos poucos. Bata. Polvilhe com as avelãs.

LEITE COM ALFARROBA

2 copos de leite
1 colher de sopa de alfarroba em pó
2 colheres de chá de açúcar mascavo

Umedeça a alfarroba num pouco de leite. Junte o açúcar e misture bem. Ferva o leite restante e junte à alfarroba. Leve novamente a bebida ao fogo e ferva durante um minuto.

LEITE COM BANANA

2 copos de leite
1 banana madura
1 colher de chá de coco ralado
1 colher de chá de mel
Caldo de ½ limão

Transforme a banana em purê. Junte o leite e misture. Adicione os demais ingredientes e bata no liquidificador.

LEITE COM AVEIA

2 copos de leite
1 colher de sopa de aveia em flocos
1 banana madura
Caldo de ½ limão

Transforme a banana em purê. Adicione o limão e misture. Despeje o leite e bata. Complete com a aveia e mexa vigorosamente.

CENOURA COM PASSAS

1 cenoura picada
1 colher de sopa de uva passa
1 colher de chá de salsa picada
1 talo de aipo picado

Bata todos os ingredientes no liquidificador, de preferência à noite. Guarde na geladeira e, na manhã seguinte, coloque numa garrafa térmica pequena.

CENOURAS COM LEITE

100 ml de suco de cenoura
½ copo de leite
2 colheres de chá de mel

Rale as cenouras e esprema-as extraindo o suco através de um saquinho de tecido ralo. Despeje o suco, o leite e o mel no liquidificador. Bata. Conserve na geladeira antes de engarrafar.

OVOS COM LIMÃO

2 ovos
Caldo de um limão
2 colheres de chá de mel

Bata os ovos no liquidificador. Adicione os demais ingredientes. Despeje logo numa pequena garrafa térmica. Agite bem antes de beber.

AVELÃS COM MAÇÃ

50 g de avelãs
4 colheres de sopa de maçã picadinha
Água para dar o ponto

Bata as avelãs no liquidificador adicionando pouco a pouco a água e a maçã até obter um produto cremoso mas leve.

P.S. - Qualquer tipo de castanha serve.

ALMOÇO ENGARRAFADO

A receita que abre este capítulo serve de refeição principal se for reforçada com uma boa fatia de queijo. Isso é só o começo. Com esta receita servindo de base, preparamos outras. Preparamos também pratos líquidos autônomos, fáceis de levar na garrafa térmica, fáceis de ingerir (o que é bom para os apressados, que detestam perder tempo) e mais fáceis ainda de digerir.

Quando o Caldo Vegetal serve de base para outras receitas, devemos prepará-lo na véspera, guardar na geladeira e aquecer na manhã seguinte. Esta observação também se aplica a outros ingredientes como o feijão branco, a cenoura, as ervilhas, a batata, a couve-flor, a lentilha, os brócolis, o arroz integral — isto, obviamente, se você sair muito cedo de casa. Caso contrário, prepare tudo na hora.

Não é verdade que "almoço engarrafado" signifique forçosamente "caldo grosso", "mingau". Bater ou não bater os ingredientes no liquidificador fica, às vezes, a critério de cada um. Com uma garrafa térmica larga, você pode preservar em parte a forma original dos ingredientes, fatiando-os simplesmente.

Outro detalhe: não explicamos nas receitas, mas fica implícito que o "almoço engarrafado" pode — e deve — fazer-se acompanhar muito bem por duas ou mais fatias de pão integral, ou ainda por uma porção de arroz também integral.

Quanto aos volumes: não podemos garantir que cada receita dê uma porção exata. Cebolas, batatas etc. variam muito de tamanho. Se sobrar um pouco do produto final, conserve na geladeira e reaqueça na primeira oportunidade, consumindo-o a seguir, talvez à noite, quando você voltar para casa.

CALDO VEGETAL

6 colheres de sopa de aipo picado
1 copo de beterraba picada
1 copo de cenoura picada
2 copos de repolho rasgado
1 copo de chicória rasgada
4 tomates picados
2 copos de feijão branco, cozido
4 colheres de sopa de óleo
4 colheres de sopa de manteiga
6 colheres de sopa de cebola picada
½ copo de salsa picadinha
6 dentes de alho moídos
1 colher de chá de sal marinho
1 colher de chá de pimenta-do-reino
2 colheres de sopa de caldo de limão
1 copo de leite
Água para dar o ponto

Frite o alho, a cebola e o aipo nas quatro colheres de óleo. Adicione o leite, o sal e a pimenta-do-reino. Misture. Junte os tomates e misture novamente. Faça o mesmo com a chicória, o repolho, a cenoura, a beterraba e o feijão cozido. Complete com a manteiga e 1/2 litro de água. Deixe cozinhar até todos os ingredientes praticamente diluírem (o que leva mais de uma hora). Complete com mais água de vez em quando, se for necessário (o líquido final terá que corresponder a mais de dois copos). Coe em peneirinha e só então despeje a salsa e o caldo do limão. Corrija o sal se seu paladar o aconselhar. Conserve em garrafa térmica. Temos aqui uma refeição quase completa, à qual só falta acrescentar algo protéico – uma fatia de queijo, por exemplo. Esse caldo é também ingrediente de algumas das receitas que vêm a seguir.

CEBOLA COM QUEIJO

1 cebola
25 g de queijo tipo Minas, ralado
1 colher de sopa de manteiga
2 copos de caldo vegetal
1 fatia de pão integral torrado
Tempero a gosto

Pique a cebola em rodelas e frite na manteiga. Despeje o caldo e ferva em fogo brando durante quinze minutos. Verifique o tempero e despeje numa pequena garrafa térmica. Leve pão integral e queijo. Na hora do almoço, coloque a fatia de pão no centro do prato, despeje a sopa e polvilhe com queijo.

TOMATE COM REQUEIJÃO

2 copos de caldo de tomate
20 g de requeijão
1 colher de sopa de aveia
Molho de soja (shoyu)

Prepare o caldo batendo alguns tomates no liquidificador e espremendo sua polpa através de um saquinho de tecido fino. Misture todos os ingredientes no liquidificador e bata. Refrigere para despejar na garrafa térmica. Pode substituir o tomate por outra hortaliça.

OVO COM CALDO

1 ovo
2 copos de caldo vegetal
Molho de soja (shoyu)

Bata o ovo no liquidificador. Junte o caldo vegetal e adicione algumas gotas de shoyu. Refrigere para colocar na garrafa térmica. Agite a garrafa antes de consumir.

FEIJÃO COM TOMATE

100 g de feijão branco, cozido
3 colheres de sopa de massa de tomate
3 copos de caldo vegetal
1 cebola fatiada
1 colher de sopa de óleo
1 colher de sopa de salsa picadinha
1 colher de chá de mostarda em pó
1 colher de chá de açúcar mascavo
(Tempero a gosto)

Frite a cebola no óleo e junte o caldo vegetal, a massa de tomate, o açúcar e a mostarda. Deixe cozinhar durante dez minutos. Adicione o feijão branco cozido e aguarde alguns minutos. Tempere a gosto. Complete com a salsa picadinha.

ERVILHAS COM CEBOLA

1 copo de ervilhas secas, verdes
1 cebola picada bem fino
1 colher de sopa de óleo
1 colher de chá de levedura de cerveja
2 ½ copos de água

Deixe as ervilhas de molho por uma noite. De manhãzinha, frite a cebola no óleo, dilua a levedura na água, junte esta solução e os demais ingredientes à cebola e cozinhe em fogo brando.

BATATAS COM COUVE-FLOR

2 batatas cozidas
2 copos de couve-flor cozida
1 cebola fatiada
2 copos de caldo vegetal
2 colheres de sopa de manteiga
2 colheres de sopa de leite em pó
Sal marinho a gosto

Junte a manteiga e o leite ao caldo vegetal quente. Bata a couve-flor e as batatas no liquidificador com um pouco de caldo vegetal. Despeje os ingredientes na mistura da manteiga com o leite e o caldo. Espere ferver e complete com a cebola e o sal, se julgar necessário. Retire logo.

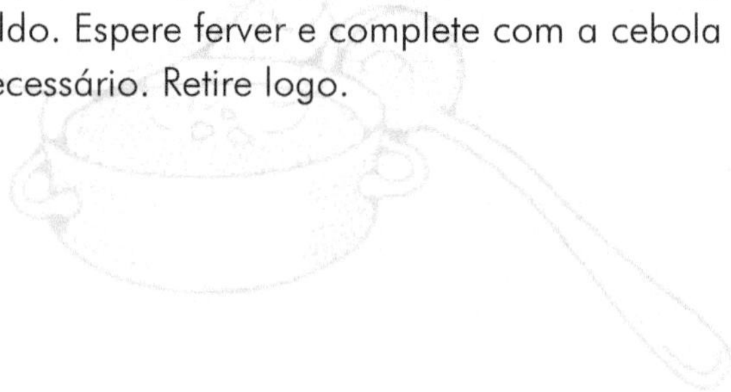

CENOURAS COM MISSÔ

4 cenouras raladas
1 colher de sopa de pasta de soja (missô)
1 colher de sopa de óleo
1 cebola fatiada
2 copos de água
Sal marinho a gosto

Dilua o missô na água, aquecendo em fogo brando. À parte, frite as hortaliças no óleo. Despeje-as no caldo de missô e deixe ferver durante vinte minutos em fogo brando.

SOPA SORTIDA

1 cebola fatiada
2 colheres de sopa de lentilhas
1 talo de aipo picado
1 colher de sopa de manteiga
1 tomate picado
1 cenoura fatiada
25 g de queijo tipo Minas, ralado
1 colher de chá de levedura de cerveja
3 copos de água
250 g de repolho picado
Tempero a gosto
1 pimenta-doce picada

Frite a cebola na manteiga. Despeje as hortaliças, as lentilhas e a água. Espere ferver. Junte a levedura de cerveja, prove o tempero e deixe cozinhar durante trinta minutos em fogo brando. Só adicione o queijo no momento de consumir.

BRÓCOLIS COM BATATAS

250 g de brócolis picados
250 g de batatas picadas em cubos
1 colher de sopa de queijo tipo minas, ralado
½copo de arroz integral cozido
2 colheres de sopa de manteiga
2 copos de caldo vegetal
1 cebola fatiada

Cozinhe os brócolis, as batatas, a cebola e o caldo em fogo brando. Reabasteça com mais caldo vegetal, se necessário. Despeje esta sopa no liquidificador e bata. Recoloque no fogo e junte o arroz e a manteiga. Deixe cozinhar durante vinte minutos. Tempere a gosto. Só adicione o queijo ralado na hora de consumir.

ALMOÇOS BEM SÓLIDOS

Este capítulo começa com seis receitas cuja base é o arroz integral. Nada mais justo, pois quase sempre estranhamos quando falta arroz na refeição principal. Assim, atendemos às exigências de nossos hábitos e abastecemos o organismo com muita caloria e uma infinidade de sais minerais e vitaminas — exceto, infelizmente, a vitamina C.

Estes Almoços bem Sólidos são, na sua totalidade, "almoços verdes", embora nem sempre o pareçam. Neles nunca falta uma boa fonte de vitamina C: salsa ou agrião, limão, tomate, abacaxi, ervilha verde... isto sem falar das folhas de alface ou chicória que em muitos casos forram o recipiente para receber os ingredientes principais; ou das saladas que sugerimos no capítulo anterior.

Quem dispõe de tempo, pode preparar tudo de manhã, momentos antes de ir trabalhar. Quem não pode, ou não quer deixar a comodidade do leito uma hora antes, pode muito bem preparar grande parte dos ingredientes na véspera, à noite: arroz integral, ervilhas, cogumelos, cenoura, feijão branco... Em outros casos, é possível preparar o prato completo à noite.

"Falar é fácil, difícil é fazer", você dirá. Concordamos, principalmente levando em conta que o ideal é levar também uma salada e, quem sabe, uma sobremesa. Mas isso não exclui a regra: é possível providenciar muita coisa com antecedência e reservar na geladeira — isto sem falar das muitas alternativas que o capítulo "Conservas Salgadas" coloca à sua disposição. Boa parte das receitas aqui incluídas dispensam saladas.

ARROZ COM ERVILHAS

200 g de arroz integral, cozido
100 g de ervilhas cozidas
150 g de cogumelos picados
1 colher de sopa de salsa picadinha
2 colheres de sopa de azeite de oliva
½ colher de chá de pimenta-do-reino moída
2 colheres de sopa de caldo de limão
1 tomate fatiado
10 folhas de agrião
Sal marinho a gosto

Deixe os cogumelos de molho no caldo do limão com o azeite de oliva. Depois junte os cogumelos, o limão, as ervilhas e a salsa picadinha ao arroz. Acrescente uma pitada de pimenta-do-reino moída e sal. Misture. Circunde o recipiente com as folhas de agrião e o tomate em fatias. Despeje o arroz.

ARROZ COM HORTELÃ

150 g de arroz integral cozido sem sal
1 colher de sopa de hortelã picada
5 pés de agrião
100 g de abacaxi picado em cubos
3 colheres de sopa de creme azedo
5 folhas de alface
1 cenoura ralada
Sal marinho a gosto

Forre o recipiente com as folhas de alface e circunde-as com a cenoura ralada. À parte, junte a hortelã, o abacaxi, o creme azedo e o agrião ao arroz. Polvilhe com uma pitada de sal. Mexa. Despeje o almoço nas folhas de alface.

ARROZ COM COGUMELOS

200 g de arroz integral cozido
50 g de cogumelos cozidos, picados e fritos
2 colheres de sopa de agrião picado
50 g de uva passa
4 cenouras cozidas, fatiadas
2 folhas de alface
2 tomates picados
1 pimentão fatiado, frito

Forre o recipiente com a alface. Distribua ao redor as fatias de tomate, deixando o centro para o arroz temperado. À parte, misture todos os ingredientes (exceto o agrião). Despeje sobre o arroz e mexa. Despeje o arroz temperado no recipiente. Espalhe o agrião por cima.

ARROZ COM COCO

2 copos de arroz integral cozido
½ copo de coco ralado, não adoçado
2 colheres de sopa de mel
1 colher de sopa de salsa picadinha
2 colheres de sopa de caldo de limão
½ copo de óleo
½ copo de leite em pó
½ copo de avelãs picadas
1 copo de amoras-pretas
Sal marinho a gosto

Misture o arroz cozido com as amoras, o coco, as avelãs e uma colher de mel. À parte, misture o leite em pó com uma colher de mel e sal, adicionando óleo pouco a pouco até dar liga. Distribua no recipiente o arroz temperado. Espalhe o tempero por cima. Complete com a salsinha e o caldo de limão.

ARROZ COM PIMENTÕES

2 copos de arroz integral cozido
2 pimentões maduros, picados
2 colheres de sopa de uva passa
½ colher de chá de caril
1 colher de sopa de açúcar mascavo
1 dente de alho moído
1 colher de sopa de caldo de limão
2 colheres de sopa de vinagre de maçã
2 colheres de sopa de azeite de oliva
2 colheres de sopa de cebolinha-de-cheiro picada
2 colheres de sopa de salsa picadinha
Sal marinho a gosto

Junte o arroz aos pimentões e acrescente as passas, a cebolinha e a salsa. À parte, misture o vinagre, o azeite, o caldo do limão, o caril, o sal e o açúcar mascavo. Despeje sobre o arroz temperado. Mexa, provando o sal.

ARROZ COM AMENDOIM

150 g de arroz integral cozido com óleo
50 g de amendoim
3 colheres de sopa de óleo para o cozimento do arroz
1 fatia de abacaxi picado em cubos
½ copo de suco de abacaxi para o cozimento do arroz
1 pimenta-doce fatiada
3 colheres de sopa de massa de tomate
50 g de uva passa
100 g de cogumelos fatiados
Sal marinho a gosto

Para cozinhar o arroz, use 400 ml de líquido feito com o suco de abacaxi e água. Quando o arroz tiver absorvido o líquido, frite à parte os cogumelos e a pimenta-doce num pouquinho de óleo. Despeje no arroz e misture. Junte os demais ingredientes (exceto o abacaxi) e torne a misturar. Só distribua os cubos de abacaxi depois que a mistura começar a ferver. Tempere. Retire logo do fogo. Pode conservar durante 24 horas na geladeira.

PIZZA COM COGUMELOS

250 g de farinha de trigo integral
150 ml de leite
50 g de manteiga
100 g de cogumelos fatiados
2 colheres de sopa de óleo
2 cebolas fatiadas
250 g de tomates picados
2 colheres de sopa de azeitonas pretas, picadinhas
100 g de queijo tipo Minas, ralado
1 pitada de sal marinho
Tempero a gosto

Comece preparando a massa com a manteiga, a farinha, o leite e uma pitada de sal. Ela deve ficar macia, fácil de estender. Sove-a sobre uma tábua polvilhada com farinha. Divida a massa em duas porções, como se fosse fazer dois pães longos. Unte duas formas rasas com óleo e forre-as com as massas, conseguindo a espessura de um centímetro no máximo. Unte a superfície das massas com óleo. À parte, frite as cebolas no óleo e espalhe-as sobre as massas. A seguir distribua sucessivamente os tomates, parte do queijo, todos os cogumelos e as azeitonas. Complete com o restante do queijo e um pouquinho de óleo. Leve ao forno pré-aquecido a 200°. Retire passados 30 minutos no máximo.

FEIJÃO COM AVEIA

1 copo de feijão branco cozido
1 copo de aveia em flocos
Farinha de trigo integral
1 folha de salsa picadinha
Caldo de ½ limão
1 colher de sopa de óleo vegetal
1 cebola picada fino
1 talo de aipo picado fino

Com um garfo transforme o feijão numa pasta. Frite a cebola e o aipo no óleo e junte os demais ingredientes (exceto a farinha de trigo). Espere cozinhar. Tempere. Retire do fogo e faça cinco bolinhos. Role-os na farinha de trigo e frite em gordura bem quente.

AVEIA COM QUEIJO

120 g de aveia em flocos
100 g de queijo tipo Minas, ralado
2 cenouras
½ cebola
1 pimenta-doce
1 ovo
2 colheres de sopa de manteiga
Tempero a gosto

Rale a cebola, a pimenta-doce e as cenouras. Bata o ovo. Derreta a manteiga. Misture todos os ingredientes e tempere. Espalhe numa forma pequena, untada de óleo, e leve ao forno pré-aquecido a 200°. Retire passados vinte minutos. Corte em fatias.

PASTÉIS DE MAÇÃ

2 maçãs azedas
1 colher de sopa de açúcar mascavo
25 g de uva passa
300 g de Massa para Pastéis de Ervilha (ver receita na página seguinte)
Tempero a gosto

Divida a massa em oito partes. Pique as maçãs em cubos e distribua-as no centro das massas. Polvilhe com um pouquinho de açúcar mascavo, espalhe algumas passas e complete com o tempero de sua preferência. Feche a massa em diagonal formando pastéis triangulares. Comprima bem as bordas com um garfo. Unte uma forma com óleo e distribua nela os oito pastéis. Leve ao forno pré-aquecido a 180°. Retire cerca de quinze minutos depois.

PASTÉIS DE ERVILHA

150 g de farinha de trigo integral
70 g de manteiga
1 colher de sopa de água fria
Uma pitada de sal marinho

Tempere a farinha com o sal e a manteiga. Misture bem. Adicione água e comprima toda a massa com um garfo, sovando-a. Quando conseguir boa liga e consistência, deixe-a descansar. Espalhe-a depois numa tábua polvilhada de farinha. Consiga uma espessura inferior a um centímetro. (Essa massa serve de base para outras receitas: a anterior e mais uma, que vem a seguir).

Demais ingredientes para os pastéis:

100 g de ervilhas cozidas
1 ½ copo de leite
25 g de farinha de trigo integral
25 g de manteiga
Tempero a gosto

Cozinhe a farinha na manteiga durante cinco minutos. Retire do fogo e despeje o leite aos poucos, mexendo sempre para evitar que empelote. Recoloque no fogo e continue mexendo até engrossar. Tempere. Despeje a ervilha cozida e torne a misturar. Corte a massa para os pastéis usando um pires como molde. Coloque pequenas porções do recheio em cada massa, dobre-a e pressione as bordas com um garfo. Unte uma forma e coloque dentro os pastéis. Leve ao forno pré-aquecido a 180°. Retire passados 25 minutos.

PIZZA COM OVOS

Massa para Pastéis de Ervilha (ver receita anterior)
1 copo de leite
100 g de queijo tipo Minas, ralado
2 colheres de sopa de massa de tomate
2 ovos
2 copos de tomate sem pele, picados
1 pimenta-doce fatiada
50 g de manteiga
1 cebola picada
Tempero a gosto

Frite a cebola e a pimenta-doce na manteiga e junte os tomates. Tempere e tampe. Ferva em fogo brando durante cinco minutos. Destampe e deixe cozinhar até o caldo engrossar. À parte, bata os ovos, junte-lhes o leite, torne a bater e despeje então o queijo e as duas colheres de massa de tomate. Acrescente-lhe a mistura anterior, de cebola, pimenta e tomates. Mexa enquanto ferve. Retire do fogo. Unte uma forma com óleo e estenda nela a Massa para Pastéis de Ervilha. Espalhe a mistura de tomate e asse no forno pré-aquecido a 180°. Retire daí a meia hora.

PÃO COM CASTANHAS

100 g de castanha-de-caju picadinha
Farelo de pão integral para dar liga
1 colher de sopa de gérmen de trigo
1 ovo
1 cebola picada
2 colheres de sopa de óleo
Tempero a gosto

Frite a cebola no óleo, adicione as castanhas e os temperos que desejar. Bata o ovo e junte-o à cebola com as castanhas. Mexa bem e, enquanto isso, vá adicionando farelo de pão e gérmen de trigo para conseguir uma boa consistência. Unte uma forma com óleo e espalhe dentro a massa. Deixe meia hora no forno pré-aquecido a 180°.

PÃO COM IOGURTE

50 g de pão integral em fatias
2 colheres de sopa de iogurte natural
1 ovo cozido, picado
1 colher de sopa de salsa picadinha
2 colheres de sopa de azeitonas pretas, picadas
2 colheres de sopa de Maionese Básica
1 cebolinha-de-cheiro
2 talos de aipo
Tempero a gosto

Pique o aipo e a cebolinha-de-cheiro. Acrescente a maionese, o iogurte, a salsinha, o ovo, as azeitonas e o tempero de sua preferência. Distribua as fatias de pão no fundo do recipiente e regue com o molho.

BERINJELAS COM TOMATES

2 berinjelas
2 tomates
1 cebola
½ copo de queijo tipo Minas, ralado
1 copo de milho-verde cozido
1 dente de alho moído
2 colheres de sopa de óleo
1 pimenta-doce
Tempero a gosto

Remova a pele dos tomates. Pique-os em cubos. Faça o mesmo com a cebola, as berinjelas e a pimenta-doce. Frite todos esses ingredientes no óleo, mexendo. Adicione o tempero que desejar. Junte o alho moído e deixe cozinhar durante meia hora, com a panela tampada. Só então adicione o milho cozido. Despeje a mistura no recipiente e polvilhe com o queijo ralado.

ABOBRINHAS RECHEADAS

2 abobrinhas
25 g de avelãs
4 colheres de sopa de queijo tipo Minas, ralado
1 colher de sopa de salsa picadinha
1 colher de sopa de manteiga
1 cebola picada
1 pitada de sal marinho
25 g de farelo de pão integral

Corte as abobrinhas ao meio, no sentido longitudinal, depois de aparar-lhes as extremidades. Retire parte do miolo (isso depende da idade da abobrinha: quanto mais velha, mais é preciso retirar, pois ele se torna insípido). Ferva água e cozinhe as metades das abobrinhas durante cinco minutos. Retire e deixe escorrer. À parte, frite a cebola na manteiga até corar e junte o miolo das abobrinhas e o farelo de pão. Cozinhe durante cinco minutos. Retire do fogo e tempere com o sal, a salsa e os condimentos que preferir. Complete com três colheres de queijo. Misture. Recheie as abobrinhas com essa mistura. Polvilhe com as avelãs e a colher de queijo restante. Aqueça o forno a 180° e asse durante 35 minutos.

TRIGO COM CASTANHAS

50 g de trigo triturado
25 g de castanha-de-caju, picada
1 pimenta-doce madura
1 folha de salsa picada
1 colher de sopa de óleo
75 ml de água
½ cebola picada
1 dente de alho moído
1 colher de chá de caldo de limão
1 folha de hortelã picada
Tempero a gosto

Frite o trigo no óleo durante cinco minutos. Despeje a água e mexa. Tampe e aguarde quinze minutos, verificando de vez em quando se não falta água. Despeje o trigo no recipiente quando ele se transformar num mingau denso. Espalhe por cima, pela ordem: cebola, alho, limão, salsa, hortelã, pimenta-doce e castanha picada. Complete com o tempero de sua preferência.

SOBREMESAS NUTRITIVAS

Doce, doce! É nisso que pensamos quando alguém fala em sobremesa. Arrematando a sobremesa, quase sempre procuramos por um cafezinho (também doce). Saturamos o organismo com maus doces no instante em que o organismo começa a lidar com seu quinhão de alimentos energéticos (óleos e amidos) fornecidos na refeição principal. Estragamos a festa do trato digestivo — e comprometemos a nossa saúde.

Se somos mais criteriosos, elegemos uma fruta — uma laranja bem madura, uma tangerina, mamão ou até mesmo um punhado de uvas passas. Ótimo! Mas a repetição cansa. Devemos variar.

Apresentamos sugestões de quase duas dezenas de sobremesas adocicadas mas sem exagero e que por trás do seu sabor estimulante ocultam nutrientes às vezes insuspeitáveis. Doce *in natura* mesmo, só adotamos o mel e o açúcar mascavo (ricos em sais minerais). E há outros doces: o das tâmaras e das uvas passas (que contêm até vitamina C), o das castanhas (vitaminas abundantes), o do coco (também muita vitamina), isto sem falar de outras frutas ou frutos, frescos ou secos.

A propósito do coco: aconselhamos a só adquirir o tipo não adoçado, por dois motivos: esse doce provém em grande parte da adição do açúcar branco, que só contém calorias; e na formulação das receitas partimos do princípio que só deve ser usado o açúcar natural. Quem usar o adoçado, vai conseguir uma sobremesa enjoativa.

Quanto ao preparo, nada mais simples: na sua maioria, as sobremesas dispensam o aquecimento (e assim contêm mais vitaminas), exigindo apenas conservação na geladeira, quando o exigem. Claro que há exceções: o Pé-de-Moleque e a "Maçã do Amor", ambos com mel, que vão ao fogo. Nada mais fácil, no entanto: basta prepará-los na véspera e conservar sob refrigeração.

BISCOITOS RECHEADOS

1 fatia de pão integral torrado
2 colheres de sopa de queijo cremoso
1 colher de sopa de uva passa
1 colher de chá de mel
2 colheres de sopa de iogurte natural

Junte o iogurte e o mel ao queijo. Bata bem. Acrescente as passas e divida esse recheio em duas porções. Corte o pão em quatro fatias iguais e passe o recheio nelas. Junte-as, duas a duas. Embrulhe em papel-alumínio.

TÂMARAS COM PASSAS

3 colheres de sopa de tâmaras sem sementes, picadas fino
3 colheres de sopa de uva passa sem sementes, picadas fino
Alfarroba em pó
Caldo de laranja para dar o ponto
4 colheres de sopa de leite em pó
1 copo de manteiga

Bata a manteiga, junte o leite em pó, as tâmaras e as passas. Misture bem. Se a pasta ficar muito espessa, junte-lhe caldo de laranja. Se ficar muito mole, engrosse com o leite em pó. Faça bolinhos, passe na alfarroba em pó e embrulhe em papel-alumínio. Conserve na geladeira até ir para o trabalho.

CASTANHAS COM MAÇÃ

4 colheres de sopa de castanha-de-caju picada
1 maçã ralada
½ copo de leite em pó
2 colheres de sopa de uva passa sem sementes
4 colheres de sopa de aveia em flocos
1 colher de sopa de caldo de limão

Rale a maçã e borrife-a com o caldo de limão para manter a cor. À parte, misture bem os demais ingredientes e junte-os à maçã. Coloque numa forminha e conserve na geladeira.

BANANAS CREMOSAS

2 bananas maduras
2 colheres de sopa de creme azedo
4 colheres de chá de mel
2 colheres de sopa de caldo de limão

Esmague as bananas com um garfo e junte, no ato, o caldo de limão para não escurecerem. Acrescente sucessivamente o mel e o creme, misturando bem de cada vez. Coloque num pequeno recipiente de louça ou de vidro e conserve na geladeira. Pode consumir puro ou usar como recheio de pão integral torrado.

CASTANHAS SORTIDAS

1 copo de amêndoas raladas
½ copo de sementes de girassol moídas
½ copo de castanha-de-caju ralada
½ copo de coco ralado
½ copo de uva passa
½ copo de figo seco, picado

Misture bem todos os ingredientes e conserve na geladeira. Para um "lanche de viagem", embrulhe só ¼ da porção em papel-alumínio.

GERGELIM COM MEL

½ copo de gergelim torrado
3 colheres de sopa de mel
Farinha integral torrada, para dar ponto

Misture o mel com o gergelim e vá acrescentando farinha pouco a pouco, até engrossar. Guarde num pequeno recipiente, na geladeira. Consuma só um pouquinho de cada vez, pois mel e gergelim dão uma energia fabulosa.

GERGELIM COM FIGOS

½ copo de gergelim
½ copo de figos secos, picadinhos

Transforme os figos em pasta, esmagando-os com um garfo. Espalhe-os numa tigelinha forrada com papel-alumínio e faça uma camada com o gergelim. Dobre as bordas do papel e leve à geladeira. Quando gelar, retire e corte em quadrados.

CASTANHAS COM TÂMARAS

4 castanhas-de-caju picadas
5 tâmaras
2 colheres de sopa de queijo cremoso

Extraia as sementes das tâmaras com cuidado para deixá-las intactas, recheie-as com uma mistura de castanhas picadas e queijo cremoso. Faça uma balinha de cada, embrulhando em pedaços de papel-alumínio.

Observação: talvez precise usar mais tâmaras (tudo depende do tamanho) para aproveitar todo o recheio.

LARANJA COM AMÊNDOAS

1 laranja picada
4 colheres de sopa de amêndoas picadas
4 colheres de sopa de caldo de laranja
1 colher de sopa de açúcar mascavo

Escolha uma pequena forma de vidro ou louça para distribuir os pedaços de laranja e as amêndoas, formando duas camadas. Polvilhe cada camada com um pouquinho de açúcar. Arremate com o caldo de laranja.

BOLO DE AVEIA

2 copos de aveia em flocos
½ copo de uva passa
½ copo de amendoim torrado, moído
2 ½ colheres de sopa de mel
1 ½ copo de coco ralado
5 colheres de sopa de óleo

Junte o óleo ao mel e despeje numa forma grande e rasa. Junte sucessivamente a aveia, o coco, a uva passa e o amendoim, mexendo bem de cada vez. Alise a superfície para ela ficar bem oleosa. Leve ao forno brando. Daí a meia hora, observará que a aveia ficou dourada. É o momento de retirar, esperar esfriar e gelar. Corte em fatias.

"MAÇÃ DO AMOR"

2 maçãs
3 colheres de sopa de mel
½ colher de chá de creme de tártaro

Retire os talinhos das maçãs e introduza um espetinho no seu lugar. Numa panelinha, ferva o mel e junte o creme de tártaro. Mexa até o mel chegar ao ponto de puxa. Ele está no ponto se ficar consistente mas maleável quando uma pequena porção é despejada em água fria. Mergulhe as maçãs no mel fervente e gire-as para receberem uma boa cobertura. Apóie os espetinhos entre dois suportes, deixando as maçãs ao ar livre. Gire-as a princípio para a cobertura não escorrer. Logo estará quase solidificada.

ARROZ COM PÊSSEGOS

½ copo de arroz integral
2 pêssegos picados ao meio
2 ½ copos de leite
2 ½ colheres de sopa de açúcar mascavo
1 colher de chá de manteiga
1 copo de caldo de laranja
2 colheres de sopa de araruta

Cozinhe o arroz no leite: primeiro em fogo alto, até começar a fervura; e depois em fogo baixo. O arroz estará cozido quando quase todo o leite tiver secado. Adicione o açúcar, mexa, junte a manteiga e torne a mexer. Retire do fogo e espere esfriar. Divida em dois pratinhos. À parte, prepare o tempero com o caldo de laranja e a araruta, fervendo-os juntos em fogo brando. Quando o caldo engrossar, espere que esfrie um pouco. Coloque duas metades de pêssego em cada pratinho e despeje o tempero por cima. Leve à geladeira.

TOFU COM DAMASCOS

1 copo de tofu picado
1 copo de damascos picados
2 colheres de chá de mel
1 colher de sopa de castanha-de-caju ralada

Bata no liquidificador o tofu, os damascos e o mel, Despeje a mistura numa forminha e polvilhe com as castanhas raladas.

PUDIM DE TÂMARAS

1 copo de tâmaras picadas
½ copo de farinha de trigo integral
3 colheres de sopa de manteiga
1 colher de sopa de caldo de limão
Água para dar o ponto

Ferva as tâmaras, o caldo do limão e ½ copo de água durante cinco minutos. Retire e esmague bem, transformando tudo numa pasta homogênea. À parte, frite a farinha na manteiga durante cinco minutos. Retire do fogo e junte as tâmaras à farinha. Misture bem e vá adicionando água até obter uma boa liga. Despeje numa tigelinha e guarde na geladeira. Para consumir, corte em finas fatias.

PURÊ DE MAÇÃS

450 g de maçãs picadas
1 colher de sopa de açúcar mascavo
1 copo de água
¼ de copo de avelãs picadinhas
½ copo de aveia em flocos
2 colheres de sopa de mel
2 colheres de sopa de manteiga

Cozinhe as maçãs com a água e o açúcar. Retire e esmague com um garfo, obtendo uma pasta bem macia. À parte, bata a manteiga com o mel. Leve ao fogo e, sempre misturando, adicione a aveia. Retire daí a cinco minutos. Despeje o purê de maçãs numa tigelinha, polvilhe com avelãs, espalhe a mistura de aveia e complete com o restante das avelãs picadas.

PÉ-DE-MOLEQUE

3 copos de amendoim torrado
1 copo de açúcar mascavo
1 colher de chá de caldo de limão
1 copo de água

Dilua o açúcar na água e leve ao fogo. Mexa sempre, enquanto a calda ferve e se evapora, até adquirir a consistência de puxa. Para saber se a calda chegou no ponto certo, despeje uma pequena porção num copo de água fria: se estiver no ponto, manterá sua forma embora permaneça macia. Retire do fogo e adicione o caldo do limão. Leve ao fogo mais alguns minutos e junte o amendoim torrado. Mexa bem e retire. Unte uma forma com o óleo e despeje o pé-de-moleque.

Espere esfriar para cortar. Se quiser um doce quebradiço, faça o mesmo teste da bala de calda despejada em água fria: desta vez ela tem que solidificar. Chegou o momento de adicionar o amendoim, mexer e retirar logo.

ARROZ COM PASSAS

100 g de arroz integral cozido
1/3 de copo de uva passa sem sementes
Leite para dar o ponto

Deixe as passas de molho durante dez minutos. Escorra a água e adicione o arroz. Bata no liquidificador. Adicione leite aos poucos para conseguir o ponto cremoso ideal. Despeje numa forminha e deixe na geladeira.

BALAS DE DAMASCO

½ copo de damascos picados
2 colheres de sopa de coco ralado, não adoçado
1 colher de chá de pacová-da-terra
1 colher de chá de raspa de casca de laranja

Deixe os damascos de molho durante dez minutos. Escorra a água e pique-os. Junte-lhes a raspa de laranja e o pacová-da-terra (também conhecido como cardamomo). Esmague bem com um garfo. Faça balinhas com as mãos e passe-as no coco ralado. Embrulhe-as em pedaços de papel-alumínio.

MERENDAS PRÁTICAS

Embora um pouco deslocado, este capítulo completa os iniciais: "Pães, Massas etc.", "Conservas Salgadas", "Recheios de Sanduíches" e "Saladas para Viagem". Está deslocado para atender à lógica: merenda é a penúltima refeição completa do dia. Obedece portanto à ordem cronológica. E serve de prato completo. A disposição do estômago de cada um, seu ritmo de trabalho (sedentário em grande número de casos) é que aconselhará você a adotar uma destas merendas ou a escolher algo mais leve, como sugerimos nos primeiros capítulos.

Para provar que temos aqui refeições completas e não simples lanches, adiantamos que nas próximas receitas, entre outros ingredientes, entram: cogumelos, pão integral, feijão branco, batata, macarrão, queijo, ovo, ervilha, couve-flor, cenoura, repolho, abóbora, requeijão, arroz integral, amêndoas. Mas, de permeio, há refeições leves, verdadeiros lanches para quem só quer "forrar o estômago" a fim de enfrentar as últimas horas de trabalho à espera de uma lauta refeição em casa.

É grande o número de pessoas que não consegue trabalhar ingerindo alimentos pesados, por isso, sequer almoçam (e aí podem recorrer a um dos pratos presentes); e há os que, almoçando, só querem "enganar o estômago" lá pelas três ou quatro horas da tarde. Opções para eles é que não faltam neste capítulo.

Observação: você irá observar que em algumas receitas entra a levedura de cerveja. Para quem não sabe: ela é o subproduto da ação de um fungo. Contém vitaminas do complexo B, mais sais minerais, óleos, proteína e carboidratos (alimentos energéticos). Sugerimos em geral uma colher de chá de levedura em cada receita. Mas você pode usar uma colher (de sopa) ou mais, se seu paladar o aconselhar. É, sem exagero, um dos melhores alimentos que existem.

COGUMELOS COM PÃO

1 copo de cogumelos picados
2 fatias de pão de trigo integral
1 colher de sopa de manteiga
½ copo de leite
1 colher de chá de coentro moído
1 colher de sopa de leite em pó
Água se for necessário
Tempero a gosto

Misture os dois tipos de leite. Acrescente o coentro moído e aqueça. Junte a manteiga e dilua. Complete com os cogumelos picados. Cozinhe até os cogumelos amaciarem. Acrescente água, se necessário. Tempere. Retire e despeje quente no recipiente. Consuma com as duas fatias de pão integral que levará para o trabalho embrulhadas em papel-alumínio para não ressecarem.

TOMATE COM FEIJÃO

1 tomate
1 copo de feijão branco cozido, com caldo
1 colher de sopa de azeite de oliva
1 pimenta-doce
1 cebola
Sal marinho a gosto

Pique as hortaliças e junte o feijão cozido com o caldo. Tempere e cozinhe em fogo brando durante vinte minutos. Coma com pão.

BATATAS COM FEIJÃO

400 g de batatas cozidas, picadas em cubos
½ copo de feijão branco, cozido
2 colheres de chá de manteiga
2 colheres de chá de manjerona
2 colheres de sopa de massa de tomate
1 cebola picada
1 colher de sopa de óleo
Sal marinho a gosto
Tempero a gosto

Frite a cebola no óleo e junte o feijão branco com a massa de tomate, a manjerona e os temperos que desejar. Cozinhe cinco minutos, sem parar de mexer. Despeje numa travessinha refratária ao fogo. Polvilhe as batatas com sal e esmague-as com um garfo. Espalhe sobre os ingredientes da travessinha. Jogue duas colherinhas de manteiga e distribua-as uniformemente na superfície. Leve ao forno pré-aquecido a 180°. Retire passados dez ou quinze minutos.

MACARRÃO COM QUEIJO

½ copo de macarrão integral
6 colheres de sopa de queijo cremoso, picado
½ litro de água fervente
1 talo de aipo picado
Tempero a gosto

Despeje o macarrão e o aipo na água fervente. Ao perceber que o macarrão cozinhou, escorra a água e recoloque no fogo junto com o queijo. Complete o cozimento em fogo baixo até o queijo derreter bem, integrando-se com o macarrão. Tempere à vontade e despeje logo num recipiente térmico.

TOMATES COM ALHO-PORÓ

2 tomates
2 pés de alho-poró
2 colheres de sopa de óleo vegetal
1 ovo cozido
Caldo de ½ limão
Tempero a gosto

Cozinhe o alho-poró no óleo durante cinco minutos, misturando-o de vez em quando. Pique os tomates e junte ao alho-poró. Complete com o limão e os temperos que preferir. Cozinhe em fogo brando durante cinco minutos, mexendo a intervalos. Retire do fogo e despeje no recipiente. Pique os ovos e espalhe por cima. Pode acrescentar mais tempero sobre os ovos.

ERVILHAS COM BATATAS

1 colher de sopa de ervilhas cozidas, esmagadas
2 batatas cozidas
3 colheres de sopa de óleo
Farinha integral para dar o ponto
½ copo de queijo tipo Minas, ralado
Tempero a gosto

Misture o queijo às batatas e esmague, transformando tudo em fino purê. Adicione as ervilhas e misture tem. Se a massa ficar muito mole, impedindo de moldá-la facilmente em bolinhos, acrescente um pouco de farinha. Tempere. Faça os bolinhos, passe na farinha e frite nas três colheres e óleo. Vire-os de vez em quando para evitar que queimem.

PÃO COM CASTANHAS

2 fatias de pão integral
6 colheres de sopa de castanha-de-caju ralada
Leite para dar o ponto
½ copo de queijo tipo Minas, ralado
Tempero a gosto

Misture as castanhas com o queijo e dê o ponto adicionando leite pouco a pouco. Obtenha um recheio cremoso, fácil de espalhar. Tempere. Passe o recheio no pão e leve ao forno bem quente. Retire quando o queijo começar a derreter nas bordas do pão.

COGUMELOS COM MACARRÃO

1 copo de cogumelos picados
50 g de macarrão integral
1 colher de sopa de queijo tipo Minas, ralado
½ litro de água fervente
2 ½ colheres de sopa de óleo vegetal
2 tomates picados
1 cebola picada
Tempero a gosto

Cozinhe o macarrão em água fervente durante dez minutos. À parte, frite os demais ingredientes (exceto o queijo), no óleo. Escorra o macarrão e despeje-o na marmita. Prove o molho e tempere a gosto. Despeje sobre o macarrão e polvilhe com o queijo.

AMÊNDOAS COM CEBOLA

6 colheres de sopa de amêndoas picadas
1 cebola fatiada
1 colher de sopa de mel
1 colher de chá de óleo
2 colheres de sopa de manteiga
Tempero a gosto

Misture o óleo com a manteiga e aqueça. Frite a cebola e acrescente o mel, as amêndoas e o tempero de seu agrado. Misture e cozinhe em fogo brando por cinco minutos. Consuma com duas fatias de pão.

COUVE-FLOR COM CENOURA

2 copos de couve-flor cozida
1 cenoura cozida
1 colher de sopa de ervilhas cozidas
1 cebola
1 colher de sopa de caldo de limão
1 gema de ovo
1 colher de sopa de leite
2 copos de água
2 colheres de sopa de manteiga
3 colheres de sopa de farinha integral
Tempero a gosto

Umedeça a farinha com uma colher de manteiga e leve-a ao fogo. Espere dourar um pouco para juntar a água. Cozinhe durante cinco minutos e adicione a outra colher de manteiga. Complete com os temperos de sua preferência, mexa e retire do fogo. A parte, junte a gema de ovo ao leite e bata. Acrescente o caldo de limão. Despeje na mistura de farinha, mexa e recoloque no fogo. Não pare de mexer, até que a mistura borbulhe. Distribua a couve-flor, a cenoura, as ervilhas (todas ainda quentes) e a cebola picada no recipiente. Despeje o tempero bem quente.

COGUMELOS COM LEVEDURA

½ copo de cogumelos fatiados
2 copos de repolho picado
1 colher de sopa de água quente
2 colheres de sopa de óleo
6 colheres de sopa de amêndoas raladas
1 colher de chá de levedura de cerveja
1 colher de chá de açúcar mascavo
2 colheres de chá de molho de soja (shoyu)
Tempero a gosto

Junte o repolho aos cogumelos. Frite no óleo durante cinco minutos, mexendo sempre. À parte, dilua a levedura na água. Acrescente o shoyu e despeje na mistura dos cogumelos com o repolho. Mexa, junte o açúcar mascavo e torne a mexer. Tempere a gosto. Retire daí a cinco minutos e polvilhe com as amêndoas.

BATATAS COM REQUEIJÃO

2 batatas cozidas
6 colheres de sopa de requeijão
1 pé de cebolinha-de-cheiro picada
Tempero a gosto

Corte as batatas ao meio, distribua-as no recipiente e regue com o tempero, arremate com o requeijão.

ABÓBORA COM QUEIJO

3 copos de abóbora madura
½ copo de queijo tipo Minas, ralado
2 colheres de sopa de farelo de pão integral
1 copo de leite
1 colher de sopa de manteiga
1 colher de sopa de farinha integral

Pique a abóbora e cozinhe num pouco de água levemente salgada (lembre-se de que o queijo em geral é salgado). À parte, aqueça a manteiga e junte a farinha. Deixe-a dourar para despejar o leite. Misture até o caldo engrossar. Adicione a maior parte do queijo, reservando uma colher para o final do preparo. Distribua as fatias de abóbora no recipiente e espalhe o molho por cima. Polvilhe com o farelo de pão integral e o queijo ralado restante.

FEIJÃO COM LEITE

½ copo de feijão branco, cozido
½ copo de leite em pó
1 ½ copo de água (aproveite a do cozimento do feijão)
1 folha de salsa
6 colheres de sopa rasas de farinha integral
2 colheres de sopa de óleo
Tempero a gosto

Frite a farinha no óleo. À parte, dilua o leite em pó na água e misture com a farinha torrada. Mexa e espere ferver. Bata para obter homogeneidade perfeita. Adicione o feijão cozido, misture e tempere. Cozinhe mais dois minutos. Complete com a salsa picadinha.

TOMATES RECHEADOS

3 tomates grandes
½ copo de arroz integral cozido
½ copo de cogumelos picados fino
1 colher de sopa de manteiga
6 colheres de sopa de queijo tipo Minas, ralado
1 colher de sopa de massa de tomate
Tempero a gosto

Extraia o miolo dos tomates começando por cortar uma rodela próxima à base do talo. (Conserve as rodelas). Pique o miolo e deixe de lado. Frite os cogumelos na manteiga. Junte o arroz cozido, o miolo dos tomates, o queijo ralado, a massa de tomate e os temperos que desejar. Recheie os tomates, tampe-os com suas rodelas e prenda-as com palitos. Coloque-os numa forma de vidro refratário e deixe por dez minutos no forno pré-aquecido a 180°.

BOLINHOS DE FEIJÃO

½ copo de feijão branco, cozido
1 ovo batido
Gérmen de trigo para dar o ponto
2 colheres de sopa de óleo
½ cebola picada bem fino
Tempero a gosto

Esmague bem os feijões com um garfo. Junte a cebola e misture. Despeje o ovo batido e os demais temperos. Vá adicionando o gérmen de trigo aos pouco até obter uma consistência que permita moldar a massa com a mão, sem ela se deformar. Faça os bolinhos e passe-os no gérmen de trigo. Frite com pouco óleo e vire-os de vez em quando a fim de dourarem por igual.

QUEIJO À MILANESA

1 copo de queijo fresco, picado em grandes cubos
1 ovo batido
Óleo para fritar
1 copo de farelo de pão integral
½ copo de farinha integral
Tempero a gosto

Tempere a farinha integral. Role os cubos de queijo nessa farinha e mergulhe-os no ovo batido. Passe-os depois no farelo de pão, novamente no ovo e mais uma vez no farelo. Frite rápido no óleo, até os pedaços ficarem dourados por fora e bem moles por dentro.

ÍNDICE ALFABÉTICO DAS RECEITAS

ALMOÇO ENGARRAFADO, 123

ALMOÇOS BEM SÓLIDOS, 133

BEBIDAS QUE NUTREM, 115

CONSERVAS SALGADAS, 41

MERENDAS PRÁTICAS, 165

PÃES, BOLOS ETC., 17

RECHEIOS DE SANDUÍCHES, 59

SALADAS PARA VIAGEM, 89

SOBREMESAS NUTRITIVAS, 151

TEMPEROS PARA SALADAS, 73

Leia da Editora Ground

A Combinação dos Alimentos

Doris Grant e Jean Joice

NÃO MISTURE ALIMENTOS QUE BRIGAM ENTRE SI!

É indispensável saber como combinar carnes, cereais, frutas e legumes para evitar doenças e desgastes físicos irreparáveis. O Sistema Hay defende que, se o corpo usa ácidos para ajudar a digerir proteínas e alcalinos para ajudar a digerir amidos numa mesma refeição, o organismo terá uma digestão lenta.

O Dr. Hay resumiu em 5 normas importantes as diretrizes essenciais para manter definitivamente a saúde e a energia através da alimentação. A obediência às regras da alimentação compatível reduz automaticamente os alimentos formadores de acidez na dieta e aumenta o número dos alimentos causadores de alcalinidade, ricos em fatores alimentares acessórios capazes de contribuir para as reservas alcalinas e para o melhor equilíbrio da química do organismo.

Neste equilíbrio químico correto assenta o segredo da saúde e da resistência às doenças. Até quem não tem problemas específicos de saúde pode experimentar um grande aumento de energia e bem-estar.

O Sistema Hay faz parte da saudável dieta integral defendida por muitos nutricionistas de hoje.

A Dieta dos Grupos Sanguíneos

Anita Heßmann-Kosaris

Este livro aborda um conhecimento alimentar-científico revolucionário: o de que nosso sangue decide se a alimentação será bem tolerada ou não pelo nosso organismo.

A descoberta inovadora de que a alimentação também estabelece uma relação recíproca com o tipo sanguíneo de cada pessoa foi feita por médicos norte-americanos. As pessoas do grupo O, que historicamente descendem de caçadores e extrativistas, precisam de carne para se sentirem bem. As que pertencem ao grupo A tendem a ser vegetarianas. As pessoas do grupo B toleram bem os ovos e os laticínios. E as do grupo AB podem comer muita coisa do cardápio, mas também não toleram muitos alimentos.

Neste manual você conhecerá os principais grupos de alimentos adequados aos quatro grupos sanguíneos O, A, B e AB. Serão dados simultaneamente estímulos, dicas e recomendações para variar as refeições afim de que tenham um bom sabor e sejam bem toleradas também pelas pessoas de outros tipos sanguíneos.Você encontrará vários planos de alimentação e muitas sugestões de cardápio com receitas variadas. Será preciso somente uma pequena correção dos seus hábitos alimentares para alcançar definitivamente o peso, a saúde e a vitalidade ideais.

Sugar Blues
William Dufty

Sugar Blues originalmente nome de um lamento dos negros americanos do início do século e utilizado aqui, com rara propriedade, para definir toda gama de distúrbios físicos e mentais causados pelo consumo da sacarose refinada, comumente chamada açúcar, – é um relato detalhado das circunstâncias escusas que permitiram a ascensão do açúcar da categoria de droga rara e de alto custo, como o ópio, a morfina e a heroína, a sustentáculo da dieta do homem moderno.

Exaustivas pesquisas desenvolvidas nos grandes centros científicos evidenciam consideráveis vínculos entre o açúcar refinado e as mais alarmantes doenças modernas que vão da depressão ao derrame cerebral; entretanto, esta substância antinutriente formadora de hábito, é consumida, a cada dia, em praticamente todos os produtos utilizados na dieta do homem civilizado, do pão aos cigarros.

Publicado pela primeira vez em 1975, *Sugar Blues* rapidamente se tornou um sucesso com mais de um milhão de cópias vendidas. Por sua visão crítica e busca incansável pela verdade é considerado um dos maiores ícones culturais do nosso tempo.

A Arte Caseira de Fazer Pães Naturais

Romélia Meyer

Depois deste livro o seu dia de fazer pão será um dia de festa, pois você aprenderá a combinar de forma perfeita farinhas integrais com legumes, frutas e ingredientes naturais para obter pães de aveia, de soja, fubá e centeio, pães orientais, *pumpernickel*, *muffins*, brioches, panquecas, *waffles* e muito mais.

Os pães integrais constituem uma base sólida de uma alimentação cuidada e saudável. Este livro defende o valor do pão feito com farinhas integrais, aponta suas propriedades e as proporções nas combinações para se obter um bom resultado final. Mostra também como conservar essas farinhas, sua qualidade e o alto sabor nutritivo que dão aos pães.

Inclui mais de 200 receitas.

A Cozinha que Cura
Kristina Turner

Mais do que um livro de receitas, este manual é um guia de autocura.

As ferramentas básicas da macrobiótica – dieta saudável e natural, auto-reflexão, habilidade para autodiagnose e conhecimento de remédios caseiros – são simples, versáteis e imensamente práticas.

É muito útil para mães ocupadas, pais (e algumas crianças) que querem descobrir uma maneira mais saborosa de crescerem juntos e saudáveis – e sem preço para pessoas que se recuperam de doenças.

Também constitui um presente perfeito para profissionais de saúde que estão na dúvida se a alimentação realmente faz diferença: para cozinheiros de final de semana que se arriscam na cozinha natural; ou para aquele amigo especial e curioso que está querendo ser conduzido de forma engraçada e desafiadora em direção a um estilo de vida mais saudável.

Inclui mais de 130 receitas light e naturais.